# 高中文言文的教与学

GAOZHONG
WENYANWEN
DE
JIAO YU XUE
JIYU CHUANTONG WENHUA SHIJIAO DE TANSUO

基于传统文化视角的探索

马佳 著

黄河出版传媒集团
宁夏人民出版社

**图书在版编目（CIP）数据**

高中文言文的教与学：基于传统文化视角的探索 / 马佳著. -- 银川：宁夏人民出版社，2023. 12
ISBN 978-7-227-07867-8

Ⅰ. ①高… Ⅱ. ①马… Ⅲ. ①文言文 - 教学研究 - 高中 Ⅳ. ①G633.302

中国国家版本馆 CIP 数据核字(2023)第 229992 号

**高中文言文的教与学：**基于传统文化视角的探索　　马　佳　著

责任编辑　赵　亮
责任校对　闫金萍
封面设计　张　宁
责任印制　侯　俊

黄河出版传媒集团
宁夏人民出版社　出版发行

出 版 人　薛文斌
地　　址　宁夏银川市北京东路 139 号出版大厦(750001)
网　　址　http://www.yrpubm.com
网上书店　http://www.hh-book.com
电子信箱　nxrmcbs@126.com
邮购电话　0951-5052104　5052106
经　　销　全国新华书店
印刷装订　宁夏凤鸣彩印广告有限公司
印刷委托书号　(宁)0027948

开本　880 mm × 1230 mm　1/32
印张　5.5
字数　120 千字
版次　2023 年 12 月第 1 版
印次　2023 年 12 月第 1 次印刷
书号　ISBN 978-7-227-07867-8
定价　36.00 元

# 自　序

文言文是高中语文教学的重要组成部分，也是传承中华优秀传统文化的重要载体。但是在文言文现实教学中，普遍存在教师难教，教学效果不好，学生难学，学习难度大的问题。针对这些问题，笔者结合平时教学，一直在思考，也想深入探讨一下。

文言文是相对新文化运动后的白话文来讲的，王力先生在《古代汉语》中指出，文言“是以先秦口语为基础而形成的上古汉语书面语言以及后来历代作家仿古的作品中的语言”[1]。文言文的一个显著特点是“言”“文”分离，不受时间与空间的影响，具有极强的稳定性。另外，文言文具有行文简洁的特点，这是现代汉语不可比拟的。当然，传世文言文中蕴含着数千年积淀形成的中国传统文化，可谓文言文的“灵魂”。

文言文向来是高中语文教学的重点，一直受到重视。首

[1]王力．古代汉语：校订重排本第一册[M]．3版．北京：中华书局，1999:1.

先，文言文在高中语文课本中占有很大比重，且有不断增加的趋势，这从一个侧面反映出文言文的重要性。其次，文言文教学具有深远的意义。第一，文言文是了解和认识历史文化的重要途径。浩如烟海的文言文典籍系统记载了中华民族的历史，反映了数千年文化的内涵和变迁，看不懂文言文就无法真正了解中国的历史与文化。张志公先生在《语文学科的现代化问题》一文中指出："文言文在历史上有很大的功绩。靠了文言文取得了我们这个人口众多、方言复杂的民族的书面语言的统一；靠了它记载了我们历代的高度发展的文化成就。"[1] 第二，文言文教学是陶冶情操、弘扬民族精神的有效途径。文言文蕴含着民族精神和传统文化的精华，例如屈原的心忧天下、孟子的浩然正气，就反映了古代仁人志士的崇高气节和高尚情操，值得我们去领悟和学习。第三，文言文是提升学生人格品质的重要途径。青少年处于世界观、人生观、价值观形成的关键时期，要利用文言文优秀篇章加强对学生的道德教育，培养学生热爱生活、艰苦奋斗、遵纪守法的精神。第四，文言文教学可以培养学生的审美意识，提升学生的审美能力。学习《诗经》、《楚辞》、先秦诸子散文和唐宋八大家的作品，可以让学生感受古人写景叙事抒情的独特审美，感受汉语的魅力。

当然，文言文也是高中语文教学的难点，不仅学生难

---

[1]张志公. 语文学科的现代化问题[J]. 课程·教材·教法，1981(3)：19.

学,老师也难教。文言文毕竟是一种“过去的文字”,除非是在某些学科和特殊场合,它在今天的实际应用性很小。因此,除了语文课,学生在日常生活中很少有机会见到或使用文言文。另外,文言文在用字、构词、造句,以及在表达内容和形式等方面与现代汉语有很大差别,这在一定程度上也增加了学生学习的难度。对文言文的陌生感,学习上的畏难情绪,让学生很难对文言文产生兴趣,这是学生学不好文言文的重要原因。

对教师来说,文言文教学也有一定难度。国家和学校多年来一直提倡教学改革,但由于高考的要求,长期以来,在传统教学模式下的文言文教学很难贯彻以学生为主体的教育理念,一般文言文的教学流程多为介绍作者经历、文章创作背景,然后串讲、翻译全文,最后教师对知识点进行总结和归纳。传统教学模式并非一无是处,但是在这种机械的灌输式的教学模式中,教师和学生互动较少,没有深入交流和合作探究,难以调动学生参与,教学没有创新性和开拓性,也不符合最新的语文课标要求。另外,语文教学方式应该多元化。高中阶段数十篇文言文用一种模式或套路讲解,难免让学生感到无趣,无法有效调动学生参与到教学活动中,影响教学效果的提升。

基于上述情况,笔者聚焦高中阶段文言文的“教”与“学”,不但进行理论梳理,也在实践基础上进行了一些改革尝试与探索,基本思路是将学生的“学”与教师的“教”结合起来。简而言之，就是要深入挖掘文言文篇章中的中华优秀传统文化，结合当前教师的课堂教学改革成果，用学生听得懂、感兴趣、易接受的方式组织教学，以此提升高中文言文教学的效果，并强化对学生道德情操和审美意识的培养与提升。

当前，《普通高中语文课程标准（2017年版2020年修订）》已经颁布并实施多年，教育部统编语文课本也在全国逐渐推广使用，新高考改革也在全国逐步展开，这对高中文言文教学改革既是机遇也是挑战。因此，笔者梳理文言文教学与中华优秀传统文化的相关理论，在总结教学实践经验的基础上，就中华优秀传统文化融入高中文言文教学进行研究，提出应对策略，期望能推动高中语文教学改革，提升教学水平。

2023年9月12日于咏菊苑

# 目　录

# 绪　论

## 一、研究背景

党的十八大以来，习近平总书记高度重视传承和弘扬中华优秀传统文化，并提出创造性转化、创新性发展传统文化的方针。首先，数千年积淀的中华优秀传统文化是中华民族的精神血脉，体现了中华民族整体的价值取向、道德规范、精神风貌和行为特征，需要代代传承和创新。其次，中华优秀传统文化是建设中国特色社会主义的重要组成部分。正是由于中国共产党将马克思主义与中华优秀传统文化相结合，汲取中华优秀传统文化的养料，将马克思主义中国化，才走出了一条中国特色社会主义道路。再次，中华优秀传统文化是文化自信的根基和优势，博大精深的优秀传统文化是中国最深厚的软实力，体现了中华民族的自我认同和民族自信。

正是基于中华优秀传统文化传承和转化的重大意义，2017 年中办、国办印发的《关于实施中华优秀传统文化传承发展工程的意见》，首次以中央文件的形式阐述了中华优秀传统文化传承发展的具体措施。在该意见的“重点任务”部分，要求“贯穿国民教育始终”，即“围绕立德树人根本任务，遵循学生认知规律和教育教学规律，按照一体化、分学段、有序推进的原则，把中华优秀传统文化全方位融入思想道德教育、文化知识教育、艺术体育教育、社会实践教育各环节，贯穿于启蒙教育、基础教育、职业教育、高等教育、继续教育各领域。以幼儿、小学、中学教材为重点，构建中华文化课程和教材体系”。在这种背景下，高中语文作为一门母语课程，在传承中华优秀传统文化方面具有独特优势，应自觉响应时代号召，承担时代赋予的使命与责任。

教育部颁布的《普通高中语文课程标准（2017年版2020年修订）》对高中语文课程传承与弘扬中华优秀传统文化也有明确要求，例如学习任务群8“中华传统文化经典研习”要求，“通过阅读中华传统文化经典作品，积累文言阅读经验，培养民族审美趣味，增进对中华优秀传统文化的理解，提升对中华民族文化的认同感、自豪感，增强文化自信，更好地继承和弘扬中华优秀传统文化”。学习任务群14“中华传统文化专题研讨”要求，“在‘中华传统文化经典研习’的基础上，选择中华优秀传统文化的内容组成专题进行深入研讨，旨在加深对传统文化的认识和理解，增强传承、弘扬中华优秀传统文化的自信心、责任感”[1]。所谓“中华传统

[1]中华人民共和国教育部. 普通高中语文课程标准:2017年版2020年修订[S]. 北京:人民教育出版社,2020:21;27.

文化经典”,应该包括先秦散文、汉赋、唐诗、宋词、元曲、明清小说等,其中文言文作品占据很大比重。建立在此基础上的讨论则是对中华优秀传统文化的进一步理解，可见文言文教学在传承中华优秀传统文化方面具有很大优势，也有很大责任。

文言文是以先秦口语为基础形成的上古汉语书面语言以及后来历代作家仿古的作品中的语言，文言文教学是高中生学习古代文献的最好途径，也是传承和弘扬中华优秀传统文化的重要方式。在近年陆续启用的教育部统编高中语文课本中,古诗文共计 72 篇,占到语文课文总数的一半,其中文言文 32 篇,占到古诗文的 44%。当然,整体而言文言文的篇幅要比诗词曲多很多，因此文言文的绝对占比是很高的。

高中语文课本中的文言文蕴含着丰富的中华优秀传统文化,学生要读懂文言文,就要掌握一定量的文言文词汇,了解其古今词义。其中也能反映出一定的传统文化信息。在理解文言文的内涵时,要熟悉古代姓氏名号、制度礼仪、天文历法等信息,以及名人典故、历史地理等知识,还要了解古人的人生态度、道德信念和思想观念等,这些都属于中华传统文化范畴。通过老师的引导,阅读文言文并进行讨论,在教学中渗透传统文化教育，可以提升学生对学习中华优秀传统文化的兴趣,增强学生的民族自信心和自豪感,帮助学生树立正确的人生观和价值观。

尽管高中文言文教学在传承和弘扬中华优秀传统文化方面具有得天独厚的优势，但是当前高中语文教学师生两方面都存在忽视文言文中传统文化教育的倾向。主要原因有：首先，高中师生首要考虑的是升学，因而导致“成绩至上”意识根深蒂固。由于文言文语言表达习惯与现代汉语存在较大差异，学生学习难度大，教师也普遍认为文言文是低产出、低效能的教学内容，因而缺乏应有的重视。教师将主要精力用在文言文字词、文学基础知识的讲解上，以应对升学考试，从而忽视了文言文中传统文化元素的渗透，文言文的文化功能和德育功能很难得到体现。其次，文言文教学方式也普遍存在问题。很多高中语文教师遵循传统的教学方式，文言文教学以讲授为主，通过字词讲解，内容串讲、翻译和文化内涵分析等进行“满堂灌”，缺乏对讨论、情景教学等新教学方式的尝试，没有体现以学生为主体的教学理念，不利于中华优秀传统文化“立德树人”育人功能的实现。

当前，伴随着统编语文课本在全国的逐步使用，以及新高考在各省的渐次展开，高中阶段语文教学对文言文提出了新的要求，传承和弘扬中华优秀传统文化必然要得到贯彻。在这种背景下，笔者以《普通高中语文课程标准（2017 年版 2020 年修订）》和统编语文课本为依据，并兼及其他学段、版本的语文课本，对当前高中文言文教学中存在的传统文化教育问题进行梳理、分析，并围绕学生“学什么”和教师“怎么教”两大主题，探讨中华传统文化要素的构成系统，挖掘其中的文化、德育、审美功能,并探索与之相适应的教学方式,为广大师生提供一些思路。

## 二、相关研究成果

文言文是我国基础教育阶段语文课程特有的教学内容,并与中华优秀传统文化的传承与弘扬密切相关,历来受到教育界和学术界的关注,研究成果较为丰富。梳理前人研究成果是继续研究的基础和前提。笔者主要从文言文与中华优秀传统文化的关系、文言文教学及改革研究、文言文传统文化教学策略研究等三个方面进行梳理。

### (一)文言文与中华优秀传统文化的关系

朱自清先生在《经典常谈》一书中认为,经典训练应当在中等教育及以上教育中展开,并形成一门必要的课程;同时指出经典训练不同于旧时代的"读经",最主要的目的是文化的传承[1]。可见,朱自清先生早在20世纪40年代就认识到文言文教学的重要性,并预见性地指出了文言文教学的核心价值所在。叶圣陶先生在其文章中也明确指出,学习文言文的目标是"培养阅读文言书籍从而批判的接受文化遗产的能力"[2]。他从语文的工具性和人文性两方面对文言文教学提出了要求。

---

[1]朱自清. 经典常谈[M]. 北京:北京理工大学出版社,2000:序1.

[2]叶圣陶. 好读书而求甚解:叶圣陶谈阅读[M]. 北京:开明出版社,2021:181.

周庆元的《语文教学设计论》是一部专门研究语文教学设计的理论专著，作者指出，文言文作品纵贯中国古代数千年历史，承载着中华优秀传统文化，学习文言文可以增强民族自豪感和自信心。[1]

过常宝在《古文素养培养研究》一书中认为，文言文是中国古代数千年宝贵文化遗产的结晶，具有极强的人文价值，今人要重视文言文的传统文化价值，极力提升中学生的古典文化素养。[2]

杨斌在《发现语文之美》一书的《感受文化魅力——说文言文教学》一节中认为，可以阅读浅显的文言文并非高中文言文教学的目标，教师要引导学生站在中华优秀传统文化的高度去感受文言文的内在美。[3]

孟晓庆在《优秀传统文化在高中文言文教学中的传承与理解策略探索》一文中认为，文言文教学渗透中华传统文化的程度是不足的，语文教师没有通过教学改革将传统文化融入文言文教学，这种状况对于新课标要求的传承和弘扬中华优秀传统文化是不利的。[4]

郭晶在《论高中文言文教学中的传统文化教育》一文中

---

[1]周庆元. 语文教学设计论[M]. 南宁:广西教育出版社,1996.

[2]过常宝. 古文素养培养研究[M]. 北京:北京师范大学出版社,2013.

[3]杨斌. 发现语文之美[M]. 长春:东北师范大学出版社,2013.

[4]孟晓庆. 优秀传统文化在高中文言文教学中的传承与理解策略探索[J]. 华夏教师,2018(26):51-52.

指出，高中文言文蕴藏着丰富的中华优秀传统文化资源，具有德育、审美等教育价值，是实现中国梦的宝贵文化资源。[1]

由此可见，文言文教学的目的并不是让学生读懂简单的文言文，掌握一定的文言字词知识，而是理解文言文的内容，传承和弘扬中华优秀传统文化，提升学生的文化素养，帮助其树立正确的人生观、价值观。

**（二）文言文教学及改革研究**

王荣生在《文言文教学教什么》一书中认为，文言文由文言、文章、文学和文化四个方面构成，其中字词、语法等只是文言文教学的构成部分，辅助实现教学目标，而非最终的教学目标。文言文教学的核心是理解文言文的内容，并感悟文章的思想和文化内涵。[2]

刘占泉在《汉语文教材概论》一书中讲述了汉语文教材的千年沿革，梳理了百年轨迹，审视了文言文教材的矛盾现象，分析了 20 世纪前后文言文教学中存在的三大矛盾，并提出了解决文言文教学矛盾的方式。[3]

钱梦龙在《文言文教学改革刍议》一文中认为，语文教师应当让学生明白文言文不是外语，而是本民族的母语书写方式，是千年文化的载体，也承载着民族精神。作者还分

[1]郭晶．论高中文言文教学中的传统文化教育[J]．戏剧之家，2018(4)：165-166.

[2]王荣生．文言文教学教什么[M]．上海：华东师范大学出版社，2014.

[3]刘占泉．汉语文教材概论[M]．北京：北京大学出版社，2004.

析了“偏重语言而忽视文化”，以及“偏重文化而忽视语言”两种极端化的教学倾向，主张将语言学习和文化传承结合起来，二者相辅相成，而不是对立起来。[1]

韦忠华在《纲举目张　授之以渔——试论高中文言文教学的系统性》一文中认为，文言文自身具有系统性。他将文言文分为主体系统和客体系统，并分别阐释了两个系统的概念、内涵和特征。[2]

屈增亮在《文言文教学的现状与对策研究》一文中指出，当前文言文教学存在教师费力教、学生被动学的问题，教师应当想办法激发学生学习兴趣，让学生加强诵读，提升审美鉴赏能力。[3]

邓春英在《如何利用文言文教学弘扬传统文化》一文中认为，文言文蕴含着丰富的传统文化资源，是现代汉语不曾具有的，因此文言文在传承和弘扬中华优秀传统文化方面具有特殊地位和意义。[4]

由此可见，文言文是一种特殊的语言系统，蕴含着丰富的文化内涵。实现文化传承是文言文教学的重要目标，语文

---

[1]钱梦龙. 文言文教学改革刍议[J]. 中学语文教学，1997(4)：25–27.

[2]韦忠华. 纲举目张　授之以渔：试论高中文言文教学的系统性[J]. 广西教育学院学报，2001(5)：86–89.

[3]屈增亮. 文言文教学的现状与对策研究[J]. 才智，2016(1)：185.

[4]邓春英. 如何利用文言文教学弘扬传统文化[J]. 现代语文(学术综合版)，2017(3)：92–93.

教师和研究者应该认识到文言文教学渗透传统文化教育的重要性和必要性。

**(三)文言文传统文化教学策略研究**

谷红丽在《在文言文教学中提升学生传统文化素养策略探微》一文中认为,语文教师要对课本中的文言文内容进行处理,为学生构建传统文化助读系统,引导学生加强诵读,以点带面阐释文言文的文化内涵,让学生整体感知传统文化的魅力。[1]

胡虹丽在《文言文教学的"文化本位"及其实施策略》一文中认为:无论是从文言文的内容还是形式而言,"文化"都是文言文教学的根本出发点;并指出可以通过语境、训诂及情景体验来提升学生的文化理解能力。[2]

王国霞在《解读文言经典　传承传统文化——高中文言文教学与文化传承》一文中认为:高中文言文所选篇目都属经典,具有深厚的传统文化积淀,价值较高;应当通过文言文诵读、情景教学、课外阅读等形式强化教学效果;应将传统文化与学生日常生活相结合,提升学生对传统文化感知的敏锐度,拓展学生思路,增强学生对传统文化的认同。[3]

---

[1]谷红丽. 在文言文教学中提升学生传统文化素养策略探微[J]. 语文月刊,2019(2):29-31.

[2]胡虹丽. 文言文教学的"文化本位"及其实施策略[J]. 课程·教材·教法. 2011(12):37-40.

[3]王国霞. 解读文言经典　传承传统文化:高中文言文教学与文化传承[J]. 现代语文(学术综合),2014(8):130-131;132.

谢小怡在《在文言文教学中传承中华传统文化》一文中认为，统编课本增加中华传统文化篇章是一大亮点，也对文言文教学提出了更高要求。文言文教学要挖掘课本内涵，创设教学情景，深入浅出讲授，品评文本内涵，做到课外文化延伸，提升学生文化素养。[1]

张苓在《高中语文教学中渗透传统文化的有效途径探索》一文中认为，要提升高中生的基础教育素养，必须在高中语文教学中开展传统文化教育，加大学生的文化素养培养力度。[2]

杨雅婷和徐梅在《高中文言文教学中优秀传统文化教育的现状与对策》一文中认为，文言文教学是提升学生语文课程素养的重要组成部分，也是传承中华优秀传统文化最重要的方式。在高中文言文传统文化教学中，存在教学内容编排混乱、教学方法改革不足、教学目标错位、教学评价体系欠完善等问题。因此，教师要深入挖掘文言文中蕴含的中华优秀传统文化，不断改革教学方法，并提升自身的传统文化素养。[3]

---

[1]谢小怡. 在文言文教学中传承中华传统文化[J]. 都市家教(上半月),2017(11):256.

[2]张苓. 高中语文教学中渗透传统文化的有效途径探索[J]. 课程教育研究. 2018(33):44.

[3]杨雅婷，徐梅. 高中文言文教学中优秀传统文化教育的现状与对策[J]. 宁波教育学院学报,2018(6):131-134.

孟晓庆在《优秀传统文化在高中文言文教学中的传承与理解策略探索》一文中认为，教师对文言文传统文化的教学缺乏重视，学生阅读文言文的能力普遍较弱，因此高中语文教师要重视文言文的传统文化教学，提升自己的传统文化素养，并结合具体的教学情景，根据文言文自身特点，联系学生的现实生活，设计教学方案进行教学。[1]

张旭在《传统文化在文言文教学中的渗透》一文中认为，文言文渗透传统文化会增强文言文教学的效果，但从传统文化在文言文教学中的地位和现状来看，形势不容乐观。因此，要从文言文的教学模式、教学方法和教学评价机制等方面进行改革。[2]

上述论文针对中华优秀传统文化在文言文教学中的重要性进行探讨，揭示了意义和价值；同时从学生和教师两个方面入手，分析了文言文教学渗透传统文化不足的原因，并从教学内容、教学方式、教学方法和教学评价等方面提出了一些对策，具有启发性。但是我们也应该看到，上述研究多基于高中语文教学，缺乏对中华传统文化本身的考察，理论性强，实践性不足，不利于在现实教学中指导教师提升文言文教学中的传统文化教育水平。

[1]孟晓庆. 优秀传统文化在高中文言文教学中的传承与理解策略探索[J]. 华夏教师，2018(26)：51-52.

[2]张旭. 传统文化在文言文教学中的渗透[J]. 语文教学通讯·D刊(学术刊)，2019(11)：8-10.

## 三、研究目的和意义

### （一）研究目的

近年来，传承和弘扬中华优秀传统文化受到了越来越多的关注，国家出台了相关政策，教育部门在基础教育阶段也日益重视对学生传统文化素养的培育。高中文言文蕴含着丰富的传统文化资源，但因各种现实原因，文言文教学渗透传统文化教育并不理想。正是基于上述原因，笔者开始关注文言文与中华优秀传统文化的融合教学。

本书围绕高中文言文教学与中华优秀传统文化深度融合相关问题展开，梳理了前人研究成果，厘清了文言文与中华优秀传统文化的基本概念以及二者之间的关系，并深度挖掘和整理统编课本中32篇文言文中的优秀传统文化元素。凭借笔者多年来的文言文教学经验，通过对学生的问卷调查、对语文教师的访谈和课堂观察，指出高中文言文教学与中华优秀传统文化融合出现的问题，如师生对传统文化认识和重视不足、课堂教学方式固化等。同时进一步提出文言文融合传统文化教育的策略，要求师生提高认识，做到“文言合一”；尤其是语文教师要不断提升自己的传统文化素养，大胆进行文言文教学改革。事实证明，高中文言文教学与中华优秀传统文化教育应该是相辅相成、相互促进的关系，这对于帮助学生树立正确的人生观、价值观，增强审美意识，提升高中生的传统文化素养，增强学生的民族自信心和自豪感，具有重要意义，是功在当代、利在千秋的大事。

**(二)研究意义**

工具性与人文性的统一是语文课程的基本特点，文言文教学同样也支持这一观点。文言文教学融入中华优秀传统文化一直是语文教学的重点和难点，从中华传统文化经典中领悟中华优秀传统文化，帮助学生树立正确的人生观和价值观，增强民族自信，这是新时代提出的重要教育课题。《普通高中语文课程标准(2017 年版 2020 年修订)》明确要求："坚持立德树人，增强文化自信，充分发挥语文课程的育人功能。"

1. 理论意义

文言文作为语文教学的重要内容，包含丰富的传统文化内涵。本书在探讨文言文与中华优秀传统文化关系的基础上，从师生两方面探索了文言文教学融入中华优秀传统文化出现的问题及原因，并结合当前的教学改革实践和理论提出对策。希望本研究可以充实文言文与传统文化关系、文言文教学改革以及传统文化传承方面的相关研究。

2. 实践意义

本研究立足于高中文言文教学实践，探讨了中华优秀传统文化融入文言文教学的策略，一方面可以解决学生学习文言文的难题，通过挖掘传统文化内容和实施教学改革，提升学生学习文言文的兴趣，帮助树立正确的人生观、价值观和审美意识，增强文化自信和民族自豪感；另一方面可以探索优秀传统文化融入文言文教学存在的问题及原因,通过实证提供对策,为语文教师在文言文教学中融入优秀传统文化内容提供一定的指导,提升高中语文教师的专业水平和传统文化素养。

传承和弘扬中华优秀传统文化是时代主题,高中文言文教学是传承中华优秀传统文化最重要、最有效的阵地。当前研究成果较多,但都是理论性强、实践性弱,尤其没有深入教学一线系统研究、反复验证,因此,作为一名一线高中语文教师,希望本书从传统文化视角去探索高中文言文的"教"与"学"能对当前的课堂教学改革有所助益。

# 第一章　高中文言文与中华优秀传统文化

## 第一节　文言文与中华优秀传统文化相关概念、价值及关系

### 一、文言文的概念、特点及价值

#### （一）何为“文言文”

中国古代书面语有两大系统，即文言文和古白话。何谓“文言文”？简言之，就是用文言呈现的书面语。王力先生在《古代汉语》中指出，文言“是以先秦口语为基础而形成的上古汉语书面语言以及后来历代作家仿古的作品中的语言”[1]。郭锡良、唐作藩、何九盈等人的看法近似，他们在合著《古代汉语》一书中指出，文言是“以先秦口语为基础而形成的上

[1]王力．古代汉语：校订重排本第一册[M]．3版．北京：中华书局，1999：1.

古汉语书面语"[1]。周庆元在《语文教育研究概论》中指出："文言，一般指以先秦语言为规范的古代汉语的一种书面语言，是我国古典文学的主要文学语言。文言文，就是用文言写成的文章。"[2] 吕叔湘先生认为，古典作品除《书经》(《尚书》)、《诗经》、《楚辞》等"特别难懂"的之外，可以说都是一般文言文。[3]

需要指出的是，古白话是魏晋以来在北方口语基础上形成的一种书面语，是当时的"我手写我口"，也是古代书面语的构成之一，典型作品就是四大名著等明清小说。有学者认为文言和古白话都可称作"文言文"，但是一般而言古白话属于古代书面语，只有"以先秦口语为基础而形成的上古汉语书面语言及其仿作"才可称作"文言文"。

文言文是一种高度定型化的书面语言，已经使用了两三千年，不受地区方言及口语影响，曾经在中国、日本、朝鲜和越南等地作为书面语长期使用。文言文内容包括先秦诸子散文、两汉史传辞赋、唐宋明清古文等，形式主要有记、传、铭、文、疏、说、书、赋、散文、序、论、表等，是中国古代文献最基本的书面语形式。

一般而言，文言文既包括"散文"也包括"古体诗"，但是

---

[1]郭锡良，唐作藩，何九盈，等. 古代汉语：上册[M]. 北京：商务印书馆，1999:2.

[2]周庆元. 语文教育研究概论[M]. 长沙：湖南人民出版社，2005:363.

[3]吕叔湘. 吕叔湘论语文教学[M]. 济南：山东教育出版社，1987:36.

在现实的语文教学中，由于古典诗词和文言文具有不同的教学体系和命题方式，因此笔者所谓高中文言文指的是狭义“文言文”，专指古代的骈体文和散文，而不包括诗、词、曲等韵文。

选入高中语文课本的文言文一般都是千年传诵的名篇，文学性和思想性并重，有很强的教育性。与初中生重视积累文言词汇、文化常识，可以诵读课文，把握浅显文言文的思想和艺术风格不同，高中生在上述能力基础上，不但要求可以阅读浅显文言文，还要对文言文进行深度理解。要注重对高中生思维能力的培养以及传统文化素养的提升。

**（二）文言文的特点**

文言文是一种使用了数千年的完善书面语，与现代汉语比较而言，具有以下特点[1]。

首先，文言文是一种文体完善、结构稳定的书面语表达体系。五四运动之前，文言文一直处于书面语的统治地位。文言文的词汇、句式和虚词等有很强的稳定性，甚至一些词义在口语中早已不复存在，但是在文言文中仍然被使用，因此文言文尽管不是先秦口语的直接誊写，但保留了先秦时期汉语的基本面貌。新文化运动出于普及文化的目的，提倡白话文取代文言文，文言文遂逐渐退出历史舞台，变成一种

[1]胡兆伟，徐东建．论文言文的特点及教学价值[J]．科教文汇（上旬刊），2008(16):71.

凝固的文化“化石”。

其次，“言”“文”分离，口语和作为书面语的文言文分道扬镳。一般而言，书面语是在口语基础上形成的，二者相互影响，关系十分紧密。文言文是在先秦口语基础上形成的，但是结构稳定下来后就和后来的口语脱离了。正如吕叔湘先生在论语文教学中指出的，“能用耳朵听得懂的是语体，非用眼睛看不懂的是文言”[1]。隋唐以来，由于科举制度的发展，考试推崇儒家经典，读书人撰写诗文刻意仿照古文，于是作为书面语的文言文与不断演进的口语之间差距越来越大。一定程度上，“言”“文”分离使得文言文不受口语限制，打破了地域千差万别、口语差异的限制，保障了信息与文化的交流，造就了文言文超强的稳定性，使得中华文明得以延续和传承。

再次，文言文行文简洁、短小凝练而内涵无穷。中国古代典籍多用文言文写作，凝练简约。文言文多使用单音节词，经常省去主语、宾语、谓语和介词等，使得句子很精练。历代名家注重锤炼语言，讲究“微言大义”，使人常有“言有尽而意无穷”之感。另外，文言文有时也常使用对仗、押韵等手法，句子极为工整，词汇古雅、多样，增添了语言的美感。

最后，文言文深奥难懂，学习具有一定难度。文言文以先秦口语为基础，与之后的口语脱离后，很多词汇让人感觉

[1]吕叔湘. 开明文言读本：第一册[M]. 上海：开明书店，1948：导言 1.

陌生难懂，还涉及古代制度、文化，对于初学者有一定难度。古人阅读文言文也有难度，尤其是《尚书》《诗经》阅读难度尤其大，于是对古书进行注释，帮助读者理解就成为数千年来文人热衷的一项工作。文言文本身的难度和局限于少数文人使用，制约了信息的流通和文化的普及，是"五四"以来文言文最终被现代白话文取代的根本原因。

数千年来，文言文在中国这个幅员辽阔、方言众多的多民族国家成为通用的书面语言表达方式，沟通了不同族群之间的联系，加强了融合，为中华民族的形成奠定了基础。文言文中海量的优秀作品构建了一个庞大的古典文献宝库，使得中华优秀传统文化得以传承，世世代代滋养着中国人的精神世界。但是文言文阅读难度大，写作尤其难，使得知识掌握在少数人手中，不利于文化普及，在历史上也产生了负面影响。受到"五四"以来新文化运动倡导者的批判，文言文最终在20世纪20年代后逐渐退出历史舞台。

**（三）文言文的教学价值**

入选高中统编语文课本的文言文无疑是历代最优秀的经典作品，它们融合了中华民族数千年的语言智慧、历史、思想和文化。正如郑桂华在《文言文教学价值再思考》一文中所说，文言文所包括的教育信息有"言"（古文字结构、古文字字义、古汉语语法、古文阅读技能）、"文"（文采、文气、风格）、"章"（各类文体的结构、格式和谋篇布局的技巧）、"道"（文章中的思想感情、价值观、审美倾向和传统文化信息等)。[1]高中文言文教学是工具性与人文性的统一,因此关于文言文教学价值一直都是较有争议的话题。笔者认为,文言文的教育价值主要体现在语言价值和文化价值两个方面。

语言价值是实现文言文教学的前提和基础。文言文本质上是作为一种书面语言形式存在的,是一种早已脱离了口语的书面语言表达方式。对中学生而言,学习文言文确实有一定难度。读懂文言文是中学语文教学的基础和前提,掌握文言文的字词、语法、结构,从而了解文章大意是学习文言文必须具备的能力。另外,学生还要了解文言文创作的背景,文章的结构、文风和基本内容,知道文章为什么写得好,好在哪里。文言文通常立意高远、行文简洁、语言精练,学生要具备一定的文章鉴赏能力,具备一定的模仿能力,以提升自己的写作水平。因此,高中文言文教学的价值首先在于语言价值,这是实现上述教学目标的最基本内容。当然,由于地区教育发展水平不均衡,以及校情、学情不同,学生对文言文基础知识掌握的程度也有很大差异,如果连文言文阅读能力都不具备,了解文言文的思想内涵和文化传承价值就成为无源之水。作为语文教师,要做到因材施教,不可不切实际,好高骛远,要从"言"的基础做起。

文化价值是文言文教学的核心和"灵魂"。文言文学习有一定难度,文言文教学也是如此。文言文是数千年中华古

[1]郑桂华. 文言文教学价值再思考[J]. 语文学习,2012(5):8.

代典籍的主要记录方式，要了解和解读这些文献里的信息，就要学好文言文这种语言形式。事实上，文言文中的传统文化无处不在，内涵极为丰富。例如在学习文言文字词时，要弄清楚字的读音和本义，就会接触到文字中的传统文化。例如"家"字，上面的"宀"表示与房屋相关，下面的"豕"就是猪，表明远古时期古人可能在屋子里养猪，这就反映了古人的生产、生活方式，教师以此可以激发学生学习兴趣，引导学生热爱祖国的汉字文化。同时，文言文中包含着人文主义精神，如屈原的爱国主义精神、孟子的浩然正气、陶渊明的高洁伟岸、苏武的忠贞不渝。教师要结合现实生活，通过引导学生学习这些古代仁人志士身上所体现的优秀精神品质，帮助学生树立正确的人生观和价值观，增强民族自信心、树立民族自豪感。当然，高中文言文中蕴含的中华优秀传统文化远不止这些，第二章笔者将进行深入分析。

总之，文言文具有的语言价值和文化价值是相辅相成、相互促进的，不学习语言就读不懂文言文，无法了解其背后蕴含的深厚文化价值；了解了文言文的文化价值，一定程度上会对文言的语言形式产生兴趣。所以，不应该将二者对立起来。当然，作为语文教师要根据课标、学情合理分配教学时间，提升教学效率。要明确文言文不是过时的东西，也不是没有生命力的"死文字"，其价值是无法估量的，具有无限的教育潜能。事实上，现代汉语要发展，会产生更多经典之作，更要从文言文文献中获取灵感，寻找养料。

## 二、中华优秀传统文化的概念和价值

### (一)“文化”及中华优秀传统文化的定义

中国古代早有“文化”一词,《说文解字》曰:“文,错画也,象交文。”“文”本指颜色不同交错的纹理,有纹饰、文章之义,后引申为文字的符号和典章制度等;“化”本义是改变、生成与造化,即事物形态发生根本变化,也就是质变,后引申为教化。“文”与“化”连在一起则有“以文教化”的意思,与质朴和野蛮相对。

到了现代学术层面,“文化”被赋予了更多内涵,受到前所未有的关注,国内外许多学者基于不同学科对其进行了界定和诠释。英国学者爱德华·泰勒在《原始文化——神话、哲学、宗教、语言、艺术和习俗发展之研究》一书中指出:“文化,或文明,就其广泛的民族学意义来说,是包括全部的知识、信仰、艺术、道德、法律、风俗以及作为社会成员的人所掌握和接受的任何其他的才能和习惯的复合体。”[1] 泰勒对“文化”这一概念第一次进行阐释,产生了巨大影响。美国学者克罗伯和克鲁克洪在《文化概念——一个重要概念的回顾》一文中对以前产生的一百余种“文化”概念作了总结,认为“文化存在于思想、情感和起反应的各种业已模式化了的

[1]泰勒.原始文化:神话、哲学、宗教、语言、艺术和习俗发展之研究[M].桂林:广西师范大学出版社,2005:1.

方式当中，通过各种符号可以获得并传播它，另外，文化构成了人类群体各有特色的成就，这些成就包括他们制造的各种具体形式；文化基本核心由两部分组成，一是传统（即从历史上得到的选择）的思想，一是与他们有关的价值”[1]。张岱年、方克立在《中国文化概论》一书中认为：“文化是改造自然、改造社会的活动，它同时也改造‘改造者’自身、即实践着的人。人创造了文化，同样文化也创造了人。……因此，文化的实质性含义是‘人化’或‘人类化’，是人类主体通过社会实践活动，适应、利用、改造自然界客体而逐步实现自身价值观念的过程。这一过程的成果体现，既反映在自然面貌、形态、功能的不断改观，更反映在人类个体与群体素质（生理与心理的、工艺与道德的、自律与律人的）的不断提高和完善。简言之，凡是超越本能的、人类有意识地作用于自然界和社会的一切活动及其结果，都属于文化；或者说，‘自然的人化’即是文化。”[2] 同时，认为“文化”有广义和狭义之分。《辞海》同样认为“文化”有广义和狭义之分。从广义来说，指人类社会历史实践过程中所创造的物质财富和精神财富的总和；从狭义来说，指社会的意识形态，以及与之相适应的制度和组织机构等。如此看来，“文化”的范围极大，

[1]刘进田. 文化哲学导论[M]. 北京：法律出版社，1999：42.

[2]张岱年，方克立. 中国文化概论[M]. 北京：北京师范大学出版社，2004：3.

几乎与人类相关的无所不包，包括政治、经济、思想等内容。广义的“文化”包括物质财富和精神财富的总和，物质文化包括饮食、服饰、建筑、交通、生产工具等；狭义的“文化”包括语言、文学、艺术、习惯、规范和制度等。作为狭义的“文化”，从行为过渡到思想，具有极强的社会性，依靠语言进行表达。就中华传统文化而言，既有物质方面又有精神方面的内涵，是物质和精神的结合。例如古代遗留的长城、宫殿，都是以物质形态表现的，但其中又反映了古代劳动人民的智慧。

中华传统文化，或称中国传统文化、华夏文化、中华古文化、中国古代文化、国学等，其名称、范围和侧重点不一，但都是指以古代“中原文化”为基础，融合多民族文化，逐渐发展、演化而成的中华民族古代形成的特有的文化形态。关于中华传统文化的定义，众多学者从不同角度进行了阐释。张岱年、方克立二位先生在《中国文化概论》一书中认为，中国传统文化是 1840 年鸦片战争以前的中国文化，其基本内容包括语言文字、文化典籍、文学艺术、道德伦理等[1]。周臻等人认为，中国传统文化是指在长期的历史发展过程中形成和发展起来的，保留在每个民族中间具有稳定形态的文化[2]。庞朴先生在《传统文化与文化传统》一文中认为，“传统

[1]张岱年，方克立. 中国文化概论[M]. 北京：北京师范大学出版社，2004:7.

[2]周臻，黎莉，华雪春. 中国传统文化[M]. 北京：航空工业出版社，2015:2.

文化的全称大概是'传统的文化'，落脚在文化，是对应于当代文化和外来文化而言的。其内容当为历代存在过的种种物质的、制度的和精神的文化实体和文化意识。例如民族服饰、生活习俗、古典诗文、忠孝观念之类，也就是通常所说的文化遗产"[1]。陈荣杰在《中国文化导论》一书中指出，中华文化具有坚定的文化内核，即中国传统文化。其扎根于多种文化思想基础之上，如儒家、道家、法家、墨家和佛家等。今人只有从思想上传承中华传统文化，并与现代社会价值进行融合，才能促进中华文化的发展。[2]

需要强调的是，一般所谓中华传统文化是指数千年来形成的，区别于现代文化、外来文化等，已经具有相当的稳固性和生命力，并一直保留至今且持续发挥作用的古代文化。因此从这一意义上说，"中华传统文化"可以等同于"中华优秀传统文化"。当然，中国古代文化中也有一些需要被淘汰或摒弃的文化，如"三纲五常"中的"三纲"，"三从四德"等男尊女卑观念，以及神汉巫婆、算命、看风水等以骗人钱财为目的的封建迷信活动。因此，判断一种文化是否属于中华传统文化或中华优秀传统文化，要看这种文化是否符合当时的历史价值观念，是否符合大多数人的思想价值倾向，

[1]丁帆，杨九俊. 普通高中课程标准实验教科书语文：必修三[M]. 3版. 南京：江苏教育出版社，2006：65-66.

[2]陈荣杰. 中国文化导论[M]. 北京：高等教育出版社，2011.

以及能否引导该文化群体产生积极向上的人生态度。

就高中语文教学而言，中华优秀传统文化教育具有更强的指向性和目的性。2014年教育部颁布的《完善中华优秀传统文化教育指导纲要》指出，中华优秀传统文化教育“以爱国主义精神为核心，以家国情怀教育、社会关爱教育和人格修养教育为重点”。肖立军等人在《中国传统思想文化及应用评析》一书中认为，“中国传统文化是以华夏民族为主流的多元文化在长期的历史发展过程中融合、形成、发展起来，是具有稳定形态的中国文化，包括思想观念、思维方式、价值取向、道德情操、生活方式、礼仪制度、风俗习惯、宗教信仰、文学艺术、教育科技等诸多层面的丰富内容”[1]。因此，高中语文教学的“中华传统文化”是被国人普遍接受，凝聚中华民族整体文化、价值倾向，适应时代发展，对个人成长有积极意义的“中华优秀传统文化”。

**（二）中华优秀传统文化的价值**

中华传统文化是中华民族安身立命的文化根基。文化是国家与国家之间进行综合较量的重要软实力，更是一个国家获得发展的内在动力。中华传统文化是先民对社会认识和理解的结晶，包括制度、习俗、语言和文字等。正如费孝通先生在《乡土中国》中认为的，现代社会是传统与现代的

[1]肖立军，袁学敏，蒋秀碧. 中国传统思想文化及应用评析[M]. 武汉：武汉大学出版社，2015：9.

融合，传统如同身上流淌的血液，无法彻底割舍，现代社会也在传承中朝着理想社会前进，但是乡土社会的特征，或显或隐于世间，不会永远消失。[1] 因此，中华优秀传统文化既是中华民族安身立命的根本，也是中国特色社会主义道路的精神内核和应对外部挑战的强大力量。

中华优秀传统文化是凝聚民族共识、推动民族前进的强大力量，也是获得文化自信的力量源泉。中国是世界四大文明古国之一，拥有迄今未曾中断的中华文明，根本原因在于中国对传统的重视。中华民族数千年形成的礼乐、典章制度，被国人用文言文这种稳定的语言形式记录了下来，形成了浩如烟海的古代文献典籍，是中华民族最重要的精神财富。高中语文课本中的文言文篇章正是这些文献典籍的浓缩和精华，是传承中华优秀传统文化的重要载体，也是中华传统文化不可分割的一部分。文献典籍作为中华传统文化的精华，以文言文教学的方式得以传承，将传统中国与现代中国融为一体，对个人的生活方式和民族的精神面貌产生了重大影响，为中华民族凝聚自信提供了重要力量。

## 三、文言文与中华优秀传统文化的关系

文言文和中华优秀传统文化之间并非简单的包含与被包含关系，具有很强的辩证色彩。高中文言文承载着中华优

[1]费孝通. 乡土中国[M]. 上海：上海人民出版社，2007：12.

秀传统文化，发挥了中华优秀传统文化的教育功能。

首先，文言文是中华优秀传统文化的重要组成部分，是古代传承数千年的书面语，具有语言文字属性。教学需要遵循语文教学规律，而高中文言文作为一种语言文化，其词汇、语法、句式结构、修辞和文化等要素承担着完成高中语文学科核心素养的功能。文言文教学传承传统文化，并在此基础上进行创新，这是提升高中生语文核心素养——“文化传承与理解”的重要方式。文言文教学让学生感受到古代书面语简洁、典雅的语言魅力，培养学生的语言运用能力，提升学生“语言建构与运用”的核心素养。文言文语言精练，结构复杂，富含思想，教师引导学生理解文言文的思想和艺术表现手法，可以促进学生“思维提升与发展”。同时，文言文语言优美，富有节奏感，写景抒情，生动感人，可以提升学生的“审美鉴赏与创造”。因此，作为一种语言文字，文言文在实现高中语文学科核心素养培育目标的同时，本身也属于传统文化的范畴，是中华优秀传统文化教育的一部分。

其次，文言文是实现中华优秀传统文化教育的重要载体，是工具性和人文性的统一。文言文不限于通过自身的语言属性表现中华传统文化，它还是中华优秀传统文化的载体和媒介。文言文作为语文教学的一部分，承担着《普通高中语文课程标准（2017 年版 2020 年修订）》设定的核心素养培育目标，同时也通过教学活动，与其他传统文化相关教学活动一起扩展着自己作为古代书面语的中华传统文化内涵。事实上,中华传统文化是语文课本中文言文教学的重要内容,体现了传统文化中的核心价值和精髓。通过教师组织的教学活动,引导高中生阅读和理解文言文,让其感受到中国古代不同历史时期人们的行为方式、生活方式和语言表达、价值理念。文言文教学要贯彻中华优秀传统文化教育,这是语文教育人文性的反映,既可以提升学生的人文素养,又可以培养和促进学生的文化自信和民族认同,提升民族自豪感。

总之,文言文作为中华传统文化的一部分,是了解和学习灿烂的汉语文化的重要内容,同时也是理解中华传统文化的一扇窗。要学习中华优秀传统文化就必须具备阅读文言文的基本能力。

## 第二节　中华优秀传统文化融入高中文言文教学的依据

文言文与中华优秀传统文化有着密不可分的关系,中华优秀传统文化必须融入高中文言文教学中,从而实现语文教学工具性和人文性的统一。事实上,中华优秀传统文化融入文言文教学符合党和国家大政方针与教育政策的要求,符合高中语文课程标准对文言文教学的要求,符合传承和弘扬中华优秀传统文化的迫切需要,也符合新时代高中学生学习和成长的需要。

## 一、符合党和国家大政方针与教育政策的要求

党的十八大以来，习近平总书记和党中央高度重视弘扬和传承中华优秀传统文化，将中华优秀传统文化看作是中国特色社会主义最深厚的软实力。弘扬和传承中华优秀传统文化是党和国家基于社会历史和现实需要，为满足中华民族长远发展而制定的重要方针、政策。

### （一）习近平关于中华优秀传统文化的重要论述及内涵

习近平总书记高度重视中华优秀传统文化在治国理政中的价值，主张充分吸收和借鉴传统文化中的先进要素，推动中华优秀传统文化的现代转化，由此形成了具有中国特色的传统文化观。习近平总书记关于中华优秀传统文化的相关论述主要围绕传统文化的价值、精华内容和继承创新等几个方面展开。[1]

第一，中华优秀传统文化的历史定位和价值。党的十八大以来，习近平总书记就中华优秀传统文化多次提出重要论断。2014 年 10 月 15 日，习近平总书记在文艺工作座谈会上的讲话指出："中华优秀传统文化是中华民族的精神命脉，是涵养社会主义核心价值观的重要源泉，也是我们在世

[1]冯刚，鲁力．习近平关于中华优秀传统文化重要论述的理论蕴涵[J]．湖南大学学报(社会科学版)，2022(1)：1–10.

界文化激荡中站稳脚跟的坚实根基。”2022 年 5 月 27 日，习近平总书记在中共中央政治局第三十九次集体学习时讲话指出：“中华优秀传统文化是中华文明的智慧结晶和精华所在，是中华民族的根和魂，是我们在世界文化激荡中站稳脚跟的根基。”可见中华优秀传统文化是中华民族的文化之根和“灵魂”，是获取民族自信、文化自信，使中华民族屹立于世界民族之林的根本保证。

第二，中华优秀传统文化的核心内容。2013 年，习近平总书记在山东曲阜考察时谈到“国无德不兴，人无德不立”，阐明了“德”对于国家、个人的重要性，以及传承和弘扬中华优秀传统文化中蕴含的崇德重义、立德为先思想价值的重要意义。2014 年，习近平总书记在《在纪念孔子诞辰 2565 周年国际学术研讨会暨国际儒学联合会第五届会员大会开幕会上的讲话》中指出，“中国传统文化，尤其是作为其核心的思想文化的形成和发展，大体经历了中国先秦诸子百家争鸣、两汉经学兴盛、魏晋南北朝玄学流行、隋唐儒释道并立、宋明理学发展等几个历史时期”[1]，并在发展中形成儒学主导，与释、道诸家学说“和而不同”的态势，表现出“顺时而生”“与时迁移”的特点，内化为“经世致用”“知行合一”的实践特征。另外，习近平总书记还对中华优秀传统文化中的内

[1]习近平. 在纪念孔子诞辰 2565 周年国际学术研讨会暨国际儒学联合会第五届会员大会开幕会上的讲话[M]. 北京：人民出版社，2014：4–5.

容进行了提炼和指示，包括古代的治国理政经验、浩如烟海的文化典籍、乡土和地域文化、传统科技和中医药文化，以及甲骨文和敦煌文化等。

第三，中华优秀传统文化的创新发展。中华优秀传统文化博大精深，是古人留给今人的“富矿”，需要不断进行开采和提炼。只有不断进行文化创新，才能与现代社会相适应，使中华优秀传统文化始终保持生机和活力。中华优秀传统文化要实现创新性转化，必须明确“转化什么”和“如何转化”两大问题，要对中华优秀传统文化中对今天有现实和借鉴意义的部分进行改造、升级，使其成为适应时代发展的新文化。习近平总书记指出：“创新性发展，就是要按照时代的新进步新进展，对中华优秀传统文化的内涵加以补充、拓展、完善，增强其影响力和感召力。”[1]习近平总书记在党的十九大报告中也指出，要“深入挖掘中华优秀传统文化蕴含的思想观念、人文精神、道德规范，结合时代要求继承创新”[2]。例如党的十八大首次提出的构建“人类命运共同体”的主张，成为中国处理国与国关系的核心理念；党的十九大报告提出的“坚持人与自然和谐共生”的理念，用以处理人与自然

---

[1]中共中央宣传部. 习近平总书记系列重要讲话读本:2016年版[M]. 北京:学习出版社,2016:203.

[2]习近平. 决胜全面建成小康社会　夺取新时代中国特色社会主义伟大胜利:在中国共产党第十九次全国代表大会上的报告[M]. 北京:人民出版社,2017:42.

的关系。上述理念与中华优秀传统文化都有着很深的渊源与联系,是中华优秀传统文化提炼和转化的成功案例。

2020 年 10 月召开的党的十九届五中全会,通过《中共中央关于制定国民经济和社会发展第十四个五年规划和二〇三五年远景目标的建议》,明确在 2035 年实现“文化强国”的战略目标,将大力弘扬中华优秀传统文化作为一项国家战略。党的十九届六中全会审议通过的《中共中央关于党的百年奋斗重大成就和历史经验的决议》指出,“中华优秀传统文化是中华民族的突出优势,是我们在世界文化激荡中站稳脚跟的根基,必须结合新的时代条件传承和弘扬好”。党的二十大报告更是将中华优秀传统文化的价值提到了更高位置,指出:“中华优秀传统文化源远流长、博大精深,是中华文明的智慧结晶,其中蕴含的天下为公、民为邦本、为政以德、革故鼎新、任人唯贤、天人合一、自强不息、厚德载物、讲信修睦、亲仁善邻等,是中国人民在长期生产生活中积累的宇宙观、天下观、社会观、道德观的重要体现,同科学社会主义价值观主张具有高度契合性。我们必须坚定历史自信、文化自信,坚持古为今用、推陈出新,把马克思主义思想精髓同中华优秀传统文化精华贯通起来、同人民群众日用而不觉的共同价值观念融通起来,不断赋予科学理论鲜明的中国特色,不断夯实马克思主义中国化时代化的历史基础和群众基础,让马克思主义在中国牢牢扎根。”“坚持和发展马克思主义,必须同中华优秀传统文化相结合。只有植根本国、本民族历史文化沃土，马克思主义真理之树才能根深叶茂。”[1] 由此可见，弘扬中华优秀传统文化是实现中华民族伟大复兴中国梦的重要文化资源。

### （二）弘扬中华优秀传统文化的教育政策

党的十八大、十九大和二十大前后相继，一以贯之提出和重申“立德树人”的教育理念。2012 年党的十八大报告最先提出把立德树人作为教育的根本任务；2017 年党的十九大报告强调要全面贯彻党的教育方针，落实立德树人根本任务；2022 年党的二十大报告再次强调要全面贯彻党的教育方针，落实立德树人根本任务，培养德智体美劳全面发展的社会主义建设者和接班人。这是党和国家在新时代对教育根本任务的总结，是对学校德育工作的新认识，是对学校教育的新要求。

中华优秀传统文化是深化中国特色社会主义教育的重要内容，也是落实立德树人根本任务的重要基础。为了贯彻立德树人理念，中央和地方教育部门、学校和社会都将弘扬中华优秀传统文化摆在重要位置，推出了一系列举措，取得了积极成效。

2014 年，教育部颁布《完善中华优秀传统文化教育指导纲要》。该纲要要求在高中阶段“以增强学生对中华优秀传

[1]习近平. 高举中国特色社会主义伟大旗帜　为全面建设社会主义现代化国家而团结奋斗：在中国共产党第二十次全国代表大会上的报告[M]. 北京：人民出版社，2022：18.

统文化的理性认识为重点，引导学生感悟中华优秀传统文化的精神内涵，增强学生对中华优秀传统文化的自信心。阅读篇幅较长的传统文化经典作品，提高古典文学和传统艺术鉴赏能力；认识中华文明形成的悠久历史进程，感悟中华文明在世界历史中的重要地位；认识人民群众创造历史的决定作用和杰出人物的贡献，吸取前人经验和智慧，培养豁达乐观的人生态度和抵抗困难挫折的能力；感悟传统美德与时俱进的品质，自觉以中华传统美德律己修身；了解传统艺术的丰富表现形式和特点，感受不同时代、地域、民族特色的艺术风格，接触和体验祖国各地的风土人情、民俗风尚，了解中华民族丰富的文化遗产。引导学生深入理解中华民族最深沉的精神追求，更加全面客观地认识当代中国，看待外部世界，认识国家前途命运与个人价值实现的统一关系，自觉维护国家的尊严、安全和利益”。该纲要还明确要求高中阶段中华优秀传统文化教育的总目标和具体要求，要求启动语文学科课程标准修订，增加中华优秀传统文化在现有教学内容中的整体比重，并结合教学环节渗透中华优秀传统文化；根据课标，修订相关教材和组织编写中华优秀传统文化普及读物；制订中华优秀传统文化教育评价标准，增加其在高考升学中的比重等。[1]

---

[1] 中华人民共和国教育部. 完善中华优秀传统文化教育指导纲要[EB/OL].(2014-03-28)[2022-05-08]. http://www.moe.gov.cn/srcsite/A13/S7061/201403/t20140328_166543.html.

2017年，中共中央办公厅、国务院办公厅印发《关于实施中华优秀传统文化传承发展工程的意见》，这是党和国家从教育战略和民族发展大计角度出发，将传承和发展中华优秀传统文化摆在更加重要的位置。意见指出“把中华优秀传统文化全方位融入思想道德教育、文化知识教育、艺术体育教育、社会实践教育各环节，贯穿于启蒙教育、基础教育、职业教育、高等教育、继续教育各领域。以幼儿、小学、中学教材为重点，构建中华文化课程和教材体系”，并明确传承文化的重点任务和保障措施，推动了社会各界尤其是教育群体对于中华优秀传统文化教育的实践研究。2021年新修订的《中华人民共和国教育法》也以国家立法形式明确，“推动中华优秀传统文化……进教材进课堂进头脑，把立德树人融入思想道德教育、文化知识教育、社会实践教育各环节，贯穿基础教育、职业教育、高等教育各领域全过程”。

2019年，中华人民共和国教育部印发《加强和改进中小学中华优秀传统文化教育工作方案》，针对中华优秀传统文化内容安排不够系统，活动开展比较注重形式，修身践行不够到位等问题作出如下安排。

明确中华优秀传统文化教育内容系统化、教学实践长效化、支持保障制度化的工作目标；强调从课程、教材、教学、考试评价四个环节入手，推动育人环节的整体联动，涵盖课堂内外、学校内外各个方面，力求系统完整，并强化实践体认；从队伍建设、实践基地建设、专项研究三个方面提供支持保障，推动地方和学校的有效实施；从注重文化工作者支持、家校联动、媒体宣传等方面入手，建立协调机制，营造良好的育人环境。

具体内容包括“研究制定中华优秀传统文化进课程教材指导纲要”，结合学科特点，贴近学生实际，明确目标任务，分领域遴选经典篇目、曲目以及有代表性的活动项目，作为国家、地方、学校三级课程教材编修指南；“推动师范院校开设有关中华优秀传统文化课程，明确考核要求，提高师范生中华文化素养”；“推动各地分层、分类、分科开展教师优秀传统文化专项培训，重点加强道德与法治（思想政治）、语文、历史教师培训，不断提升广大教师中华文化素养”；“引导鼓励具备条件的学校建设中华经典诵写讲基地，依托基地加强中华经典的研究阐释、教育传承和创新传播”。[1]

2021 年，中华人民共和国教育部印发《中华优秀传统文化进中小学课程教材指南》。指南着眼于文化传承和“以文化人”，明确了核心思想理念、中华人文精神和中华传统美德三大内容主题；要求充分发挥语文等学科的核心引领作用；在教学实施上积极探索，改进教学方式……让中华优秀传统文化教育动起来、活起来；依据 2020 年中共中央、国务

[1]中华人民共和国教育部. 加强和改进中小学中华优秀传统文化教育工作方案［EB/OL］.（2019-03-11）［2022-05-08］. https://www.fjedusr.cn/html/lmoq/fjssfxptgzjsxx/zcxx/5004.html.

院颁布的《深化新时代教育评价改革总体方案》,进一步规范学业水平考试,深化考试命题改革,完善综合素质评价。在初高中学业水平考试命题和高考命题中，注重从多个维度加大学生中华优秀传统文化素养考查力度；加强学生人文底蕴、文化修养等素养考查,反映学生素养发展状况;以语文等学科中华优秀传统文化教育相关内容质量监测反映区域和学校教育状况等。[1] 因此,中华优秀传统文化已经渗透到高中教育教学的各个环节。

文言文记载着中华民族数千年的灿烂文化，与中华民族文明史共存。高中文言文是中华优秀传统文化的重要组成部分,在教学中要不断提高学生的文言文阅读能力,进行教学改革,引导学生在文言文阅读与理解中,将中华优秀传统文化内化为自己的审美和情操,增强民族文化自信。

## 二、符合高中语文课程标准对文言文教学的要求

语文课程标准伴随着社会发展要求及对语文课程教学认识的深入而不断调整，也反映了国家和社会教育理念的变化。与 2003 年实验版普通高中语文课程标准相比,2017 年及 2020 年修订的普通高中语文课程标准既有继承也有发展,中华传统文化越来越受到重视。

---

[1]中华人民共和国教育部. 中华优秀传统文化进中小学课程教材指南[EB/OL].(2021-01-19)[2022-05-08]. http://www.moe.gov.cn/srcsite/A26/S8001/202102/t20210203_512359.html.

### （一）《普通高中语文课程标准（实验）》的文言文教学要求

2003 年，教育部颁布《普通高中语文课程标准（实验）》，提出了知识与能力、过程与方法、情感态度与价值观的三维教学目标，体现了对学生能力的重视和教育的全面性思想。对于语文学科的性质，2003 年标准认为："语文是最重要的交际工具，是人类文化的重要组成部分。工具性与人文性的统一，是语文课程的基本特点。"[1] 工具性与人文性相统一是关于语文学科认识的一次巨大提升，与三维教学目标的提出思路一致。这就要求语文教育不只是传授知识和培养学生的阅读能力，还要注重人文精神对于学生品德的影响，通过文学引导学生的人生观、价值观，促进学生的全面发展。

对于文言文的学习，该标准提出："学习中国古代优秀作品，体会其中蕴涵的中华民族精神，为形成一定的传统文化底蕴奠定基础。"这是将文言文与传统文化结合起来，要求"增强文化意识，重视优秀文化遗产的传承"。基于以上精神，该标准对文言文学习提出了具体要求。比如，在"必修课程目标"中的"阅读与鉴赏"部分，有两条与文言文教学相关。其中，第九条指出："认同中国古代优秀文学传统，体会其基本精神和丰富内涵，为形成一定的传统文化底蕴奠定

[1]中华人民共和国教育部．普通高中语文课程标准：实验[S]．北京：人民教育出版社，2003:1.

基础。学习用历史的观点理解古代文学的内容价值，从中汲取民族智慧；用现代眼光审视作品的思想倾向，评价其积极意义与局限。”该条强调文言文蕴含丰富的中华传统文化，提出让学生用一分为二的方式批判地继承和吸收其中的积极因素。第十条提出：“阅读浅易文言文，能借助注释和工具书，理解词句含义，读懂文章内容。了解并梳理常见的文言实词、文言虚词、文言句式的意义或用法，注重在阅读实践中举一反三。诵读古代诗词和文言文，背诵一定数量的名篇。”该条基于文言文阅读能力和习惯的培养，属于语文学科中对文言文教学的最基本要求。“选修课教学目标”中的“散文”部分指出：“阅读古今中外优秀的诗歌、散文作品，理解作品的思想内涵，探索作品的丰富意蕴，领悟作品的艺术魅力。用历史眼光和现代观念审视古代诗文的思想内容，并给予恰当的评价。”重视学生对文言文作品的理解，以及一分为二的评价、鉴赏能力。第三条提到：“借助工具书和有关资料，读懂不太艰深的古代诗文，背诵一定数量的古代诗文名篇。学习古代诗词格律基础知识，了解相关的中国古代文化常识，丰富文化积累，为形成传统文化的底蕴打下扎实基础。”通过阅读和背诵文言文名篇，积累古代文化常识，让学生了解和感悟传统文化的魅力。

该标准在教科书编写建议中，要求所选课文要“富于文化内涵”，“要重视继承和弘扬中华民族优秀文化”。在课本中要求设立“中华文化寻根”部分，试图“通过古代文化知识的学习，感受中华文化的辉煌多姿和源远流长，以激发爱国情怀和文化寻根的兴趣。积累历史文化知识，增加文化底蕴，并融会贯通于语文学习的全过程。关心并学习调查自己身边的文化现象，探求其历史根源和演变轨迹，讨论传统文化对现代社会以及社会发展的影响”。可见，该标准很重视文言文的文化传承功能，并结合日常生活，刻意培养学生的民族自豪感和爱国情怀。

**（二）《普通高中语文课程标准（2017 年版 2020 年修订）》的文言文教学要求**

《普通高中语文课程标准(2017 年版)》明确提出“坚持立德树人，增强文化自信，充分发挥语文课程的育人功能”的基本理念，强调作为母语教育——语文学科的育人功能，是增强文化自信的重要文化资源。该标准将原来的“三维目标”改为“四大核心素养”，即“语言建构与运用”“思维发展与提升”“审美鉴赏与创造”“文化传承与理解”，这是语文学科教育观念的重大突破。该标准将语言、思维、审美与文化并列，表现出对传统文化前所未有的重视。该“核心素养”的具体要求是“培养学生对祖国语言文字的热爱，在语文学习中，贯彻和发扬中华文化的优秀传统，扩展学生的文化视野，提高对民族文化的传承保护意识，反对外来消极文化的影响”。这样的认识不但将语言文字看成中华传统文化的组成部分，还将其上升到民族自信和文化保护的高度。在课程结构上，文言文学习和研讨相关部分占到 18 个学习任务组的三分之一,学分则占到一半左右,反映了该标准对文言文教学和中华优秀传统文化教育的重视。[1]

在2017年中办、国办颁布《关于实施中华优秀传统文化传承发展工程的意见》和2019年教育部印发《加强和改进中小学中华优秀传统文化教育工作方案》等一系列政策文件背景下，中华优秀传统文化受到前所未有的重视。因此,《普通高中语文课程标准(2017年版2020年修订)》从基本理念、核心素养、课程结构等多方面体现了传承中华优秀传统文化的思路。在学习目标上,该标准提出让学生学习自己的母语,感受其中蕴含的人文精神和传统价值,继承和弘扬中华优秀传统文化。在课程基本理念上强调"坚持立德树人,增强文化自信",这正是继承和弘扬中华优秀传统文化的目的所在。在核心素养上,"四大核心素养"中的"文化传承与理解"明确要求语文课程的学习,要理解包括文言文在内的汉语言的深刻文化内涵，继承和弘扬中华优秀传统文化,增强学生的文化认同,培养民族自信。在课程结构上,必修课程设置"整本书阅读与研讨",目的在于培养阅读习惯和思维能力；选择性必修课程设置"中华传统文化经典研习",要求学生阅读传统文化典籍,培养文言文阅读基础;选修课程设置"中华传统文化专题研讨",在文本基础上需要

[1]中华人民共和国教育部.普通高中语文课程标准:2017年版[S].北京:人民教育出版社,2018.

深入理解中华优秀传统文化。可见“中华优秀传统文化”贯穿于必修课程、选择性必修课程和选修课程等整个高中语文教学全过程，三个任务群的设置在难度上层层递进，由浅入深，可以让学生不断加强对中华优秀传统文化的认识、体会和理解。[1]

比较《普通高中语文课程标准（实验）》和《普通高中语文课程标准（2017 年版 2020 年修订）》可以看出，作为中华优秀传统文化精髓的文言文教育所占比重越来越大，继承和弘扬中华优秀传统文化渗透于语文最新课标的方方面面，并且不断深化，反映了党和国家“坚持立德树人，增强文化自信，充分发挥语文课程的育人功能”的教育理念。

## 三、符合传承和弘扬中华优秀传统文化的迫切需要

文言文及其蕴含的中华优秀传统文化是中华民族的宝贵财富，需要新一代的青年继承和弘扬。同时，当前正处于世界百年未有之大变局，中华文化既有复兴的机遇，也面临前所未有的挑战。“文化兴国运兴，文化强民族强。”因此，青年一代继承和弘扬中华优秀传统文化，直接关系到中华民族伟大复兴事业的成功。

[1]中华人民共和国教育部. 普通高中语文课程标准:2017 年版 2020 年修订[S]. 北京:人民教育出版社,2020.

## （一）中华优秀传统文化需要传承和弘扬

党的十九大报告指出："文化是一个国家、一个民族的灵魂。""文化自信是一个国家、一个民族发展中更基本、更深沉、更持久的力量。""没有高度的文化自信，没有文化的繁荣兴盛，就没有中华民族伟大复兴。"党的二十大报告指出，中华优秀传统文化源远流长、博大精深，是中华文明的智慧结晶，"我们必须坚定历史自信、文化自信，坚持古为今用、推陈出新"。

中华民族几千年绵延发展，从国家制度到衣食住行，都反映了中华民族独特的文化价值取向。文言文是延续数千年的书面语言表达方式，记录了中国古代政治、经济、文化等方方面面的内容，形成了浩如烟海的典籍，是中华传统文化的精髓所在。但是自五四新文化运动以来，白话文逐渐取代文言文，文言文使用机会减少，逐渐失去了活力。伴随着我国经济的振兴，中华文化越来越受到关注，文化复兴成为时代主题，传统与现代在这一节点上相遇。要理解"传统"，就要掌握文言文这种书写方式，只有通过这个桥梁才能了解古人的思想文化和衣食住行等，才能了解国家的历史和过往，才能更好地理解"传统"。正如朱自清先生所言："我们对于过去用文言文写的典籍，便漠不关心，这是错误的思想。因为我们过去的典籍，我们阅读它，研究它，可以得到古代的学术思想，了解古代的生活状况，这便是中国人对于中国历史认识的任务，你多读文言，多研究历史、典籍、古文，这阅读工作的本身就是值得尊重的！”[1]也就是说，阅读古代文化典籍，理解古人的行为和思考方式，传承和延续中华传统文化，是中国人的使命和骄傲。

进入新时代，党和国家提出“立德树人”的教育方针，体现了对人才培养的重视。高中文言文篇章既有体现古代制度和古人衣食住行等的内容，也有体现古代仁人志士道德、信仰与献身精神的文字。因此，文言文不仅具有工具性，还具有人文性。通过学习文言文，我们可以领略到中华优秀传统文化，潜移默化地进行道德教育，帮助学生构建正确的人生观、价值观和世界观，形成积极的人生态度；通过学习文言文，我们可以领略古代中国辉煌灿烂的历史文化，强化学生的文化自信和民族自豪感；通过学习文言文，我们可以把学生培养成为国家需要的全面发展的社会主义建设者和接班人。

**（二）中华优秀传统文化面临西方价值观的挑战**

进入21世纪，经济全球化加速，我国与世界的接触越来越多，外来文化也拥入中国，改变了许多中国人的观念。由于近代“西学东渐”，新中国成立以来对中国传统文化多持批判态度。改革开放以后，政府部门过度重视经济发展，轻视精神文明建设，不重视保护传统文化，一些宝贵的中华传统文化逐渐消失。个别人出现了崇洋媚外的思想，言必称

[1]朱自清．朱自清语文教学经验［M］．北京：教育科学出版社，2007：187.

“西方”。这些人对中华传统文化缺乏认识，也没有兴趣了解，更没有能力去了解。伴随着手机短视频的流行，各种形态的文化混杂，年轻一代思维定式逐渐形成，一些人思想上陷入“荒芜”，提笔忘字，词不达意，道德滑坡，情感淡漠。在这种背景下，西方文化入侵对国人的认知造成了冲击，使一部分人对中华文化产生了疏离感，缺乏文化自信。

以美国为首的西方国家，凭借强大的经济和科技实力，利用数码产品、服饰，以及文学、艺术和电影等流行文化，向中国渗透西方的价值观，使很多人受到影响。西方的圣诞节、情人节、感恩节和万圣节等“洋节”受到青少年的追捧，开始排斥中华传统文化。中西两种不同文化和价值体系的冲突越来越大，一些人对传统文化的认知和兴趣缺失，重利轻义，个人主义盛行，中华传统文化面临传承危机。

当前，党和国家日益认识到传承和弘扬中华优秀传统文化的重要意义，确立了“立德树人”的根本教育理念。高中阶段是青少年人生观、价值观形成的关键时期，文言文教学既是认识中华传统文化的桥梁，也是中华优秀传统文化的重要载体。语文教师亟须改革教学方式，引导学生对中华优秀传统文化产生兴趣，为国家培养合格的人才作出应有的贡献。

## 四、符合新时代高中学生学习和成长的需要

高中阶段是青少年发展的关键时期，其身心发展和理

智思维逐渐成熟，因此高中阶段教育对青少年未来思维和性格的形成有重要影响。初中学生处于青春期，情绪波动大,心智尚不成熟,容易受外界影响。[1]高中学生已经积累了一定的文言文知识,具备一定的传统文化素养,思维体系逐渐成熟,认识事物较为全面,具有一定的批判思维能力。高中阶段也是青少年人生观、价值观和审美意识形成的关键时期,此时进行文言文和传统文化教育,对其一生可能产生深远的影响。

**(一)提升高中生核心素养的方式**

《普通高中语文课程标准(2017 年版 2020 年修订)》提出了语文学科的“核心素养”概念,取代了旧课标关于知识、能力和价值观的“三维目标”,确立了“语言建构与运用”“思维发展与提升”“审美鉴赏与创造”“文化传承与理解”四大核心素养。这就要求语文学科不仅要提升学生的口语和书面语言表达能力,还要在逻辑思维、审美鉴赏和文化涵养等方面让学生得到综合提升。

文言文作为一种语言文化，教学时需要遵循语文教学的客观规律,从词汇、语法、句式结构、修辞和文化等角度全面建构和理解。现代汉语的词汇、语法和修辞等与古代汉语有着直接关系。语言本身就是历史的产物,它反映了社会群

[1]学习考试用书研发中心. 中学教育心理学[M]. 北京:清华大学出版社,2013:8.

体和民族的生活方式、行为习惯，因此从外表看它是历史，从内里看它则是文化，二者相辅相成。文言文教学可以让学生感受到古代书面语的魅力，如双声叠韵、对仗，音律和音韵的使用，句子骈散交错使得文言文具有音乐的节奏美和工整的结构，说理逻辑严密、论说有力，抒情则意味无穷。另外，文言文简洁典雅，具有独特的语言魅力。与现代汉语相比，文言文有其优势，可以提升学生的“语言建构与运用”核心素养，现代汉语对其亦有借鉴。

文言文教学传承了中华优秀传统文化，是工具性和人文性的统一。文言文既是一种语言文化，也是传统文化的载体。文言文教学是在语言基础上理解文化，可以帮助学生了解古代的制度、审美和价值，从而实现文化的传承和弘扬，并内化为学生的人生观和价值观。因此，在文言文的“语言建构与运用”基础上，语文教师引导学生理解是提升高中生语文核心素养——“文化传承与理解”的重要方式。

与此同时，文言文语言精练、结构复杂、富含思想，教师引导学生理解文言文的思想和艺术表现手法，可以促进学生“思维提升与发展”。文言文语言优美，富有节奏感，还可以提升学生“审美鉴赏与创造”。可见，文言文作为一种语言文字，本身也属于传统文化的范畴，教育意义很大。文言文教学也是提升高中生语文核心素养的重要方式。

### （二）对高中生进行德育的有效手段

文言文是中华优秀传统文化的重要载体，是语文人文性的体现，包含大量的道德教育资源，可以引导学生树立正确的价值观、爱情观，培养坚毅的品格，提升高中生的人文素养。

1. 引导学生树立正确的价值观

近年来，独生子女越来越多，人们的物质生活水平也显著提升，但由于互联网生态下手机短视频等视听媒体信息“茧房”效应影响，高中生对负面信息缺乏抵抗力和判断力，尚未成形的人生观、价值观受到巨大冲击。当前，“〇〇后”高中生个人主义倾向比较严重，流行所谓“只要我喜欢，没有什么不可”（出自歌手雯茜的《洋歌》），反映出其集体主义观念淡薄，重索取轻奉献，少爱心多私心，不善沟通，没有团队精神，甚至出现缺乏社会公德、对人冷漠等倾向。文言文中的传统文化蕴含着忠诚、仁孝、友爱等优良精神品格，可以帮助高中生明辨是非，使其“有所为有所不为”，树立正确的人生观、价值观和世界观。

2. 帮助学生树立正确的爱情观

高中生生理发育，性心理逐渐形成，性意识觉醒，对异性产生兴趣，有恋爱的冲动。但高中生心理和生理尚未成熟，需要正确处理恋爱问题，树立健康的恋爱观。例如应该处理好恋爱和学习之间的关系，用适当的方式表现爱，掌握爱与被爱的尺度；学会拒绝爱，正确面对爱情的挫折。文言文教学中必然涉及爱情问题，应该引导学生重视内在美与外在美的统一，而不能一味追求外表；还要让学生明白爱是一种责任，而不是控制和单方面的索取；还要明白爱情需要坚守，需要等待和坚持，明白两情相悦是爱情的基础，不能强求；对待爱情要有气度，不能气馁，要有宽容之心；还要学会自尊自爱，自己和他人都有拒绝爱的权利，也有爱的权利。

3. 培养学生坚毅的品格

由人民日报健康客户端、健康时报等联合打造的《2022年国民抑郁症蓝皮书》显示，我国18岁以下抑郁症患者占调查总人数的30.28%。在抑郁症患者群体中，50%的抑郁症患者为在校学生。青少年抑郁症患病率已达15%—20%，接近于成人水平。《中国国民心理健康发展报告（2019—2020）》数据显示，我国青少年抑郁症检出率为24.6%，其中重度抑郁为7.4%。关于青少年抑郁症发病的原因，77.39%和69.57%的学生患者在人际关系和家庭关系中易出现抑郁，63%的学生患者在家庭中感受到严苛、控制、被忽视、缺乏关爱、冲突和家暴。[1]可见，当前我国学生心理健康问题堪忧，根源就在于无法处理好家庭和社会的关系。其中既有家长和社会的原因，也与青少年不善于调节自身情绪有关。

在文言文所示的传统文化中，有很多故事告诉我们，人生难免遭遇挫折，如孔子“丧家之犬”式的逃亡，苏武被匈奴囚禁十年，司马迁身体残缺依然发愤著书，苏轼被流放贬谪

[1]吉晶.《2022年国民抑郁症蓝皮书》出炉，这些数据触目惊心！[EB/OL].(2022-08-10)[2023-05-06]. https://www.bilibili.com/read/cv18021888/.

多年，这些历史人物的故事不仅告诉我们主人公经历的苦难,还告诉我们怎样去面对苦难。事实上,“天行健,君子以自强不息”,乐观、释然的心态是成功的重要因素。

### (三)美育的重要途径

广义的审美教育是指通过自然、社会、生活和物质、精神产品陶冶情操,给人以耳濡目染、潜移默化的教育,从而达到美化心灵、行为、语言、体态的目的,做到智慧和道德并重。

#### 1. 引导学生感受形式之美

高中文言文名篇作为精神产品,文字和情感相互渲染,描物状景具有强烈的审美特征，可以培养学生的敏锐感知力、丰富情感和想象力。例如《滕王阁序》的名句“落霞与孤鹜齐飞,秋水共长天一色”,王勃用优美的文字表现了山光水色的掩映和变幻,落霞与孤鹜动静结合,红色的霞光和绿色的秋水融为一体。“潦水尽而寒潭清,烟光凝而暮山紫”,潭水因积水退却而一片清明，傍晚的山峦因雾霭而变成紫色,这抓住了秋天动物、山水的特征,将人带到一种美不胜收的境地。这些文句要结合生活让学生细细体会,了解作者遣词造句的特点,提升语言审美能力,从中领悟和感受现实生活中的美。

#### 2. 引导学生领悟人格之美

人格之美是对他人道德、行为的一种美的感受,在共鸣体验中感受愉悦,使自己的精神和灵魂受到涤荡和洗礼,这是文言文教学的特殊魅力。例如儒家对仁义礼智信的追求，孔子对“仁”的阐释和践行，孟子的“浩然正气”。屈原重视“内美”和“好修”，完成“内在美”和“外在美”的统一。陶渊明追求生活的“本真”，摆脱权力的羁绊，活出自己的人生。杜甫的“国破山河在”表现了个人对于不幸时代的无奈和悲苦。通过基于文本的研讨活动，让学生结合生活参与讨论，表达看法，形成自己的人格审美，从而塑造完善的人格。

# 第二章　高中文言文蕴含的中华优秀传统文化

## 第一节　统编高中语文文言文选编及特点

统编高中语文课本文言文选编比重和质量都有提升，传承和弘扬中华优秀传统文化的内容贯穿其中。统编高中语文课本文言文的编写特点为选文全面、由易到难，类型多样、内涵丰富，主题教学、弘扬传统。编写原则为科学性、人文性和统一性。

### 一、统编高中语文课本文言文选篇分析

《普通高中语文课程标准（2017 年版 2020 年修订）》对高中语文文言文教学进行了重大调整和变革，标志着高中语文课本“一纲多本”时代的终结。统编高中语文课本分为必修、选择性必修和选修三大类，共计 5 册。加强中华优秀传统文化教育是新课标和新教科书修订的重点，优秀传统文化教育贯穿整个高中语文教学全过程，而传统文化的主

要载体则是文言文。新课标大幅增加了文言文作品的数量，将旧课标的"诵读篇目的建议"改为"古诗文背诵推荐篇目",数量由原来的 14 篇(首)增加到了 72 篇(首),大幅提高了学习量，目的在于强化中华优秀传统文化的相关教学内容。

统编高中语文课本共收录古诗文 72 篇(首),约占全部文章(138 篇 / 首)的 52%,包括古代散文、诗、词、赋和古白话小说等文体,其中文言文共计 32 篇。① 在统编高中语文课本中,必修上册 4 篇,必修下册 12 篇;选择性必修上册 6 篇,选择性必修中册 4 篇,选择性必修下册 6 篇(具体见表 2.1)。

**表 2.1 统编高中语文课本文言文选篇统计②**

| 序号 | 类型 | 篇目 | 作者 | 出处 | 体裁 | 优秀传统文化元素 |
|---|---|---|---|---|---|---|
| 1 | 必修(上) | 《劝学》 | 荀子 | 《荀子》 | 议论散文 | 学习的要义：勤学、善学、用心、专一、务实。 |
| 2* | | 《师说》 | 韩愈 | 《韩昌黎文集校注》 | 议论散文 | 尊重、爱护老师，善于择师，敢于质疑权威。 |

①本书所谓"文言文",专指古代的骈体文和散文,不包括诗、词、曲等韵文以及古白话小说等。

②采用教育部组织编写的普通高中语文教科书（人民教育出版社 2020 年版)分析统计。标 * 的为自读课文。

续表

| 序号 | 类型 | 篇目 | 作者 | 出处 | 体裁 | 优秀传统文化元素 |
|---|---|---|---|---|---|---|
| 3 | 必修(上) | 《赤壁赋》 | 苏轼 | 《苏轼文集》 | 游记散文 | 超然物外、出世旷达的心胸，积极乐观的人生智慧，儒释道思想的统一。 |
| 4* | | 《登泰山记》 | 姚鼐 | 《惜抱轩诗文集》 | 游记散文 | 人生重大转折的自我鼓励，内心明净，崇高和磊落的胸怀。 |
| 5 | 必修(下) | 《子路、曾皙、冉有、公西华侍坐》 | 孔子 | 《论语》 | 记叙散文 | 自信率真、谦虚退让、谦恭有礼、洒脱高雅的性格特征，以及孔子循循善诱、因材施教的教育智慧。 |
| 6* | | 《齐桓晋文之事》 | 孟子 | 《孟子》 | 议论散文 | 任用贤能的仁政思想，高超的论辩技巧。 |
| 7 | | 《庖丁解牛》 | 庄子 | 《庄子》 | 议论散文 | 积极学习先进的理念，怵然为戒的严谨态度，反复实践的坚持精神。 |

续表

| 序号 | 类型 | 篇目 | 作者 | 出处 | 体裁 | 优秀传统文化元素 |
|---|---|---|---|---|---|---|
| 8 | 必修(下) | 《烛之武退秦师》 | 左丘明 | 《左传》 | 记叙散文 | 深明大义的爱国精神，义无反顾的勇气，巧言善辩的智慧。 |
| 9* | | 《鸿门宴》 | 司马迁 | 《史记》 | 记叙散文 | 忠诚与团结协作,知人善用,善于抓住机遇,善于听取别人意见。 |
| 10 | | 《谏逐客书》 | 李斯 | 《史记·李斯列传》 | 书信 | 借古鉴今，致力于实现伟大的抱负。 |
| 11* | | 《与妻书》 | 林觉民 | 《广州三月二十九革命史》 | 书信 | 对爱情的忠贞和对天下人的赤胆忠诚，以及积极进取的革命抱负。 |
| 12 | | 《促织》 | 蒲松龄 | 《聊斋志异》 | 小说 | 颂扬成名儿子善良、饱蕴人性的可贵童心，积极的孝文化。 |
| 13 | | 《谏太宗十思疏》 | 魏征 | 《贞观政要集校》 | 抒情散文 | 居安思危、择善而从、善始善终的人生智慧。 |

续表

| 序号 | 类型 | 篇目 | 作者 | 出处 | 体裁 | 优秀传统文化元素 |
| --- | --- | --- | --- | --- | --- | --- |
| 14* | 必修（下） | 《答司马谏议书》 | 王安石 | 《临川先生文集》 | 抒情散文 | 不畏人言、坚持不懈、心怀天下的士大夫精神。 |
| 15 | | 《阿房宫赋》 | 杜牧 | 《樊川文集》 | 抒情散文 | 忧国忧民，以古鉴今。 |
| 16* | | 《六国论》 | 苏洵 | 《嘉祐集笺注》 | 议论散文 | 顺应时代的政治思想，客观全面看待并借鉴历史经验。 |
| 17 | 选择性必修（上） | 《〈论语〉十二章》 | 孔子 | 《论语》 | 议论散文 | 自信率真、谦虚退让、谦恭有礼、洒脱高雅的性格特征，以及孔子循循善诱、因材施教的教育智慧。 |
| 18 | | 《大学之道》 | 戴圣 | 《礼记》 | 议论散文 | 修齐治平的政治伦理和“人为贵”的思想；重视人，人人平等。 |
| 19* | | 《人皆有不忍人之心》 | 孟子 | 《孟子》 | 议论散文 | “民贵君轻”的思想；爱护人民，为政者要保障人民的权利。 |

续表

| 序号 | 类型 | 篇目 | 作者 | 出处 | 体裁 | 优秀传统文化元素 |
|---|---|---|---|---|---|---|
| 20 | 选择性必修（上） | 《〈老子〉四章》 | 老子 | 《道德经》 | 议论散文 | 崇尚“无为”，顺其自然，合乎天理。否定有神论。 |
| 21* | | 《五石之瓠》 | 庄子 | 《庄子》 | 议论散文 | 安时顺命，超然物外，精神的自由和逍遥。齐物论思想。 |
| 22* | | 《兼爱》 | 墨子 | 《墨子》 | 议论散文 | 平等与博爱，反对战争，要求和平。 |
| 23 | 选择性必修（中） | 《屈原列传》 | 司马迁 | 《史记》 | 记叙散文 | 忠贞于国，以身殉国，坚持真理、正道直行的高贵人格和爱国主义精神。 |
| 24* | | 《苏武传》 | 班固 | 《汉书》 | 记叙散文 | 富贵不能淫、贫贱不能移、威武不能屈的高尚气节和爱国主义情怀。 |
| 25 | | 《过秦论》 | 贾谊 | 《新书》 | 议论散文 | 仁义不施而攻守之势异也。给汉文帝改革政治提供借鉴。 |

续表

| 序号 | 类型 | 篇目 | 作者 | 出处 | 体裁 | 优秀传统文化元素 |
|---|---|---|---|---|---|---|
| 26* | 选择性必修(中) | 《五代史伶官传序》 | 欧阳修 | 《新五代史》 | 议论散文 | 国家兴衰败亡取决于“人事”,执政者要吸取历史教训,居安思危,防微杜渐,力戒骄侈纵欲。 |
| 27 | 选择性必修(下) | 《陈情表》 | 李密 | 《三国志》 | 抒情散文 | 忠孝文化、亲情文化。 |
| 28* | | 《项脊轩志》 | 归有光 | 《震川先生集》 | 抒情散文 | 家庭亲情、孝文化和家庭伦理。 |
| 29 | | 《兰亭集序》 | 王羲之 | 《晋书·王羲之传》 | 抒情散文 | 生死无常和积极入世的人生观。 |
| 30 | | 《归去来兮辞(并序)》 | 陶渊明 | 《陶渊明集》 | 抒情散文 | 洁身自好、不随世俗的隐逸精神。 |
| 31* | | 《种树郭橐驼传》 | 柳宗元 | 《柳河东集》 | 议论散文 | 无为而治,顺乎自然,反对扰民。 |
| 32* | | 《石钟山记》 | 苏轼 | 《苏东坡全集》 | 抒情散文 | 认识事物必须“目见耳闻”,切忌主观臆断,要实事求是。 |

## 二、统编高中语文课本文言文选编特点

对比“一纲多本”时期的高中语文课本可以发现，统编高中语文课本在文言文选编思路上有明显变化，在数量和内容上也有很大调整，具有鲜明的特点。

**(一)选文全面，由易到难**

统编高中语文文言文选文时间跨度大，涵盖中国古代散文发展的各个重要时期。文言文选文创作时间上起散文滥觞的先秦时代，有《子路、曾皙、冉有、公西华侍坐》《〈老子〉四章》《劝学》《齐桓晋文之事》《庖丁解牛》《烛之武退秦师》《谏逐客书》等，还增加了《墨子》和《庄子》的名篇。这一时期是文言文的辉煌时代，所占选文比重最大。接着是两汉魏晋时期，有《鸿门宴》《屈原列传》《过秦论》《苏武传》《兰亭集序》等。然后是唐代，有《师说》《谏太宗十思疏》《阿房宫赋》等。宋代文章有《赤壁赋》《答司马谏议书》《六国论》《五代史伶官传序》。明清时期则选编了《项脊轩志》《登泰山记》《促织》《与妻书》。可见文言文选文时间跨度较大，从先秦到清末，代表性强；但是选文又较为集中，反映了散文发展的时代特征。

文言文选文时间跨度大，涵盖全面，但是选文并未按照传统习惯依时间顺序进行编排，而是由易到难、由浅入深，打破了文体和年代的限制，以主题、内容或者写作方式编排，带有综合性的特点。例如，必修上册第六单元以“思辨性

阅读与表达”为主题，编入《劝学》《师说》两篇文章，教学目标也不是单纯的文言文学习，而是和现代文《反对党八股》《拿来主义》进行比较，让学生感受文言文的精练及思辨技巧，培养大胆质疑的精神，系统认识“学习之道”。另外，将《大学之道》《〈老子〉四章》《兰亭集序》等有一定哲思且结构复杂、有难度的文章放在了选择性必修。如此编排遵循了高中生的认知发展规律。此时高中生有了一定的知识储备，逻辑思维和认知能力也得到了相应提升，因此选文结构安排符合高中生的学情，也符合语文教学的整体规律。

**（二）类型多样，内涵丰富**

统编高中语文课本所选文言文类型多样。从内容来看，文言文可以分为说理议论文、记叙文和写景抒情文等类型。文言文内涵丰富，说理议论文重在论证某个历史时代的重大议题；记叙文写人、记事，记录历史时代；写景抒情文文采飞扬，令人得到美的享受。

《劝学》《师说》《齐桓晋文之事》《庖丁解牛》《谏逐客书》《谏太宗十思疏》《答司马谏议书》《阿房宫赋》《六国论》等属于说理类议论文，篇章较多。除了保留原有《论语》《孟子》《庄子》的经典篇章外，还增加了中国哲学思想“明珠”《道德经》等，覆盖更加全面。说理类文章多注重当时的家国大事，探讨社会重大问题，具有很强的现实意义，展现了当时文人的广阔胸襟以及心怀天下的思想境界。该类文章论点明确，旁征博引，逻辑缜密，从提出问题、分析问题再到解决问题，可以锻炼学生的逻辑思维能力。《烛之武退秦师》《鸿门宴》《屈原列传》《苏武传》等属于叙事类文章，出自《史记》《汉书》等纪传体史书；尤其是《史记》有多篇被选入，显示出“文史不分家”的观念。学生既要从文学中学到语言技巧、文字审美，也要了解历史。记叙文以人物为纲，重视语言描写，表现人物性格，记录了一些重大的历史事件。上述文体选文都是经典名作，比例适当，符合高中生的思维特点。《兰亭集序》《赤壁赋》《石钟山记》《登泰山记》等属于写景抒情散文，侧重于景物描写，反映了作者与自然和谐相处、天人合一的自然观。文章语言优美，通过山水之景抒发内心情愫，或托物言志，或借景抒情，或表达人生哲理，对学生富有启发性。

**（三）主题教学，弘扬传统**

《普通高中语文课程标准（2017 年版 2020 年修订）》规定，在课内阅读篇章中，中国古代优秀作品应占二分之一。在增加数量的同时，统编语文课本还设置了中华优秀传统文化学习专题，要求学生在熟悉文本的基础上对中华优秀传统文化作品进行研讨。例如：说理议论文多关注家国大事、治国治民等内容，山水抒情散文则强调天人合一；纪传体史书开创者《史记》有多篇入选，可以让学生感受“史家之绝唱，无韵之离骚”，文史结合，理解中华优秀传统文化的魅力。学生可以谈论文章作者的论说艺术、描写技巧和叙事方式，体悟文言文的文化内涵，发展思维能力。文言文数量和相关教学活动的增加，根本目的在于提升中华优秀传统文化的内容含量。教材所选文言文篇章多是文学经典，思想内容积极向上，与社会主义核心价值观相一致，符合新时代的思想观念、道德规范和人文素质培养要求，凝聚了中华民族的智慧和思想，可以激发高中生的学习兴趣，使其了解、认识、热爱并愿意传承中华优秀传统文化。

## 三、统编高中语文课本文言文选编原则

### （一）科学性原则

《普通高中语文课程标准（2017 年版 2020 年修订）》要求，教材编写要以马克思主义为指导，坚持立德树人观念，体现社会主义核心价值观，面向现代化、面向世界、面向未来。强调高中语文课本的编写要以马克思主义为指导，顺应时代发展要求，坚持中国特色社会主义道路，培养德智体美劳全面发展的社会主义建设者和接班人。正如前文所言，统编高中语文课本文言文历史覆盖面广，从先秦到清末，凝聚了文言文的精华；顺序遵循由易到难、由浅入深的规律，具有系统性和科学性，符合高中学生的学情和认知规律。经过小学、初中的学习，高中生已经掌握了一定数量的文言词汇，对文言文语法和句式有了一定了解，具备阅读内容浅显文言文的能力。新课标要求结合课本内容设置“中华传统文化经典研习”，使高中生能充分阅读和理解文言文的内涵，感受中华优秀传统文化的魅力。之后的“中华传统文化专题

研讨”部分，鼓励学生在熟悉文本的基础上，深刻理解文言文所蕴含的中华优秀传统文化内涵，并且结合生活实践进行讨论，从而内化于心、外化于行，做到知行合一。两大学习任务群及其对应的教学内容具有一定的连续性和逻辑性，反映了课本编排的科学性原则。

**（二）人文性原则**

工具性与人文性的统一，是语文课程的基本特点，“在中等以上的教育里，经典训练应该是一个必要的项目。经典训练的价值不在实用，而在文化”[1]。《普通高中语文课程标准（2017 年版 2020 年修订）》的一个核心目标就是在课本中渗透中华优秀传统文化，将继承和弘扬中华优秀传统文化贯穿于课本编写始终，并且与其他相关教学任务构成一个统一的整体。统编语文课本的文言文部分选取了先秦到清末的 32 篇文章，是数千年来文言文作品的精华，不仅是语言书写的典范，也蕴藏着丰富的中华优秀传统文化。教师对文言文字词、语法、结构和内容的讲解，让学生了解文言文的大意，并不是文言文教学的全部，而是“准备阶段”。语文教师还要挖掘文言文篇章中的汉字文化、制度文化、历史地理知识、思想文化和价值文化等，让学生了解中华传统文化的价值，提升人文素养，形成正确的人生观和价值观，树立文化自信和民族自信。例如：司马迁的《屈原列传》描绘了一

[1]朱自清. 经典常谈[M]. 北京：北京理工大学出版社，2020：序 1.

个性情高洁、为国为民，心忧楚国、献身国家的光辉形象；班固的《苏武传》让学生了解到苏武手持汉节，不畏匈奴强暴，誓死维护国家尊严的不屈精神；归有光的《项脊轩志》以清淡自然的语言真切再现了祖母、母亲和妻子的音容笑貌，表达了对三位亲人的怀念之情，真正做到了“哀而不伤”，反映了中国人的人情之美和人性之美。文言文是了解中华优秀传统文化的“桥梁”，而中华优秀传统文化是民族文化的根本。正如习近平总书记在2018年全国宣传思想工作会议上所强调的——“中华优秀传统文化是中华民族的文化根脉，其蕴含的思想观念、人文精神、道德规范，不仅是我们中国人思想和精神的内核，对解决人类问题也有重要价值。”

**（三）统一性原则**

统编语文课本文言文的选文重视时间的全面性，从先秦到清末都有选文编入，但是在具体编排中又不拘泥于时间线索，而是按照先易后难、由浅入深的原则，按照学生的认知进行排列。文言文教学并非单一罗列课文、解释字词、讲解语法、翻译赏析，还要根据对应的学习任务群来设计相关教学活动，拓宽学生对文言文的认知，增强学生的理解能力，提升学生的语文综合素养，从而将语文的工具性和人文性统一起来。同时，文言文也不是按照类别和时间等组成独立单元，而是与现代文混编在一起，结合共同的学习任务目标来比较和探讨。今古文化的对比，历史与现实的震荡，这样的文本编排更具丰富性，也增加了探讨的张力，提升了教学效果,更有利于教学目标的实现。这都反映了课本编排的统一性原则。

## 第二节　高中文言文蕴含的中华优秀传统文化

张岱年、方克立先生在《中国文化概论》一书中说:"中国文化是中华民族对于人类的伟大贡献。独具特色的语言文字,浩如烟海的文化典籍,嘉惠世界的科技工艺,精彩纷呈的文学艺术,充满智慧的哲学宗教,完备深刻的道德伦理,共同构成了中国文化的基本内容。"[1]统编语文课本所选文言文,精选先秦散文、秦汉散文、魏晋辞赋和明清散文的代表之作,是文言文中的经典作品,其中蕴含着丰富的中华优秀传统文化元素。笔者将高中语文课本中文言文蕴含的中华优秀传统文化分为传统知识文化和精神思想文化两个层面来分析阐释。

### 一、传统知识文化

传统知识文化是指传统文化中知识性较强,需要识记和理解的部分,是高中文言文教学的重要内容。掌握这些知

[1]张岱年,方克立. 中国文化概论[M]. 北京:北京师范大学出版社,2004:7.

识是理解文言文传统文化的前提，也是形成学生价值认同和文化审美，增强学生文化自信的重要保证。

**（一）独一无二的汉字文化**

汉字是高中语文教学的重要组成部分，也是文言文教学的重点。在文言文教学中，识记字词贯穿于教学全过程。汉字的结构、本义和引申义等内容，蕴含着丰富的汉字文化。《普通高中语文课程标准（2017年版2020年修订）》明确了语文课程的性质，指出汉字文化在高中语文教学中的地位，要求“把握祖国语言文字的特点和运用规律，加深对祖国语言文字的理解与热爱，培养运用祖国语言文字的能力”[1]。统编高中语文课本必修上册第八单元是“汉字文化”学习单元，旨在通过文言文学习让学生了解汉字的基本规律，理解汉字的构造文化以及深层次的文化内涵，培养学生对中国汉字的敏感性，为以后的文言文学习和课外阅读奠定基础。

汉字是中华文化的标志性符号，是中国先人数千年智慧的结晶，亦是海内外华人共同的文化之根。汉字贯穿中华历史发展的全过程，承载着丰富的历史文化信息，是中华优秀传统文化的载体和重要组成部分，对中华传统文化也有深远影响。因此，了解汉字文化是培养中华民族意识的重要

---

[1]中华人民共和国教育部. 普通高中语文课程标准：2017年版2020年修订[S]. 北京：人民教育出版社，2020：1.

途径。汉字具有超强的稳定性,它超越了语言功能,除记录语言外,也反映了三千年前古人眼中丰富多彩的世界,反映了先民的真实生活。古人造字近取诸身、远取诸物,依类象形,表达了自己的认识和思想观念。另外,汉字也反映着服饰文化、饮食文化、居寝文化、行旅文化、祭祀文化、丧葬文化以及婚姻文化等诸方面[1],因此语文教师要利用甲骨文、金文、《说文解字》等材料创新文字教学内容,让学生从古老多变的语言文字中感受汉字的博大精深和独特魅力,培养学生对中华文化的热爱之情。

**(二)内涵丰富的制度文化**

1. 礼仪制度

中国号称"礼仪之邦",在数千年的文明史中逐渐形成了一套严密的礼仪制度,几乎渗透到古代社会的方方面面,并和宗法制度相结合,约束着人们的行为,具有很强的伦理道德色彩。大到国家之间的交往,小到家庭及人际交往,中国人都要遵循这套礼仪制度。中国古代有"五礼":祭祀之事为吉礼,丧葬之事为凶礼,军旅之事为军礼,宾客之事为宾礼,冠婚之事为嘉礼。国家层面的礼仪有祭天、祭地、祭祀宗庙和祭孔等。与个人息息相关的是诞生礼,包括满月、百岁和周岁等。男性二十岁举行成年礼——冠礼,即《子路、曾皙、冉有、公西华侍坐》中所谓"冠者五六人";女性十五岁举

[1]傅义春. 汉字与传统文化[M]. 南京:南京大学出版社,2019:2.

行笄礼。婚礼则有纳采、问名、纳吉、纳徵、请期、亲迎等。丧礼有停灵，换“老衣”，烧纸钱，设供桌以及出殡、下葬等。《陈情表》中有“外无期功强近之亲”的说法，所谓“期”指的就是穿一年孝服的亲属。“功”分“大功”和“小功”，“大功”指的是穿九个月孝服的亲属，“小功”则指穿五个月孝服的亲属。“期功”指的是关系比较近的亲戚。除了前面提到的“大功”和“小功”，“五服”中还有斩衰、齐衰和缌麻，与孝服制作的粗糙程度有关。其中“斩衰”最粗糙，是至亲去世后穿的，儿女要服丧三年。

《子路、曾皙、冉有、公西华侍坐》中提到“端章甫”，“端”是整块布裁制的礼服，“章甫”是布制的礼帽。古人重视服饰礼仪，做官要着官服，戴礼帽。《论语》有所谓“克己复礼为仁”，意思是约束自己的行为，使其符合传统礼制，成为有仁爱之心的人。今天，我们要立足传统文化，结合国家、社会与学校的礼仪教育，构建一套现代文明礼仪，反对不文明行为，构建中国特色社会主义精神文明。

2. 官员选拔制度

古代官员选拔制度是不断发展演变的，不同朝代制度各有不同。李斯在《谏逐客书》中对秦国不问曲直、驱逐门客的行为提出了批评，认为秦国之所以强大，就是因为广纳天下人才。汉代以来，“察举”和“征辟”成为最主要的官员选拔方式。“察举”的科目有秀才、孝廉、贤良、文学等，“征辟”则是中央政府根据对特殊人才的需要而进行的不定期选拔。

李密在《陈情表》中奏言:“前太守臣逵察臣孝廉,后刺史臣荣举臣秀才。”这里的“孝廉”和“秀才”都是察举的科目。

隋唐时期开始出现科举制度,主要科目有秀才、进士和明经等科,并逐渐成为最重要的官员选拔制度。明清以来,科举考试逐渐程式化,考试的内容为“四书五经”,命题形式是“八股文”,考试合格成为秀才,就具备了参加科举考试的资格。乡试录取者称为举人,第一名称作“解元”,具备了进京参加会试的资格;会试在京城礼部举行,第一名称作“会元”;殿试是皇帝亲自主持的考试,录取者分为三甲,一甲前三名依次为状元、榜眼、探花,二甲和三甲若干。科举制度是中国古代较为公平的官员选拔制度,为中下层人士提供了上升通道。同时,围绕科举制度也产生了大量诗文、故事和文化遗迹,对中国古代社会及今天都有深远影响。

3. 官吏制度

中国古代形成了九等品官制度,如秦代的“三公九卿”和唐代的“三省六部”制度,同时也存在作为辅助的吏职制度。在文言文中,官吏制度一般是以官职方式体现出来的,需要学生有所了解。在西晋李密的《陈情表》中,朝廷任命李密为尚书省的属官郎中,后来又任命为“洗马”,即太子的侍从官。王安石的《答司马谏议书》中的“谏议”,指的就是司马光任职的“谏议大夫”,从四品,专掌讽喻规谏,隶中书省。文中还有“游处相好之日久”的说法,指的是王安石和司马光曾经同为翰林学士。翰林学士地位较低,但掌制诰,为皇帝心腹，王安石就是由此出任宰相。苏辙的《上枢密韩太尉书》一文，提到的“太尉”是秦代掌管军事的最高官员，与宰相、御史大夫并称“三公”。宋代以来“太尉”地位有所下降，宰相、枢密使都在其上。另外，官员任命和罢黜也有一些专用词汇，例如除、拜、迁、谪、去、擢、黜、署、摄等。学习文言文，要初步了解古代的官吏制度，这样才能更好地理解相关人物的地位，从而理解文言文所反映出来的思想内涵。

**（三）特色鲜明的姓氏名号**

今人姓名较为简单，但是中国古人有姓、氏、名、号等，比较复杂，与社会地位、宗族密切相关。上古时代，古人有“姓”有“氏”，二者有一定差别。“姓”用来“别婚姻”，所谓“同姓不婚”，防止近亲结婚；“氏”用来“别贵贱”，显示的是社会地位。战国之后，姓氏逐渐合并，其原有的社会功能也逐渐消失，二者之后不再有差异。

古代男子还要有“名”，《说文解字》阐释其功能，因为晚上天黑无法辨识样貌，“名”用来称呼或者自报。孩子出生三个月后就要起名，代表了父母的期盼与愿望。男子二十岁举行冠礼、女性十五岁举行笄礼时要表“字”，“字”由自己取或长辈授予，是“名”的延伸，是自己德行的反映。一般“字”用来解释“名”的内涵，例如屈原字“原”名“平”，“原”和“平”是近义词，都有正直的意思。《子路、曾皙、冉有、公西华侍坐》中提到曾皙名“点”，“皙”意思是皮肤洁白，而“点”是小黑点[1],意义正好相反,即所谓的“反意相对”。《师说》的作者韩愈,字退之,“愈”和“退”意义相反,可以相互补充,“以退为进”。《答司马谏议书》:“窃以为与君实游处相好之日久。”其中“君实”就是司马光的“字”。需要指出的是,一个人成年之后,“名”只能由长辈来叫,或者自称,公共场合不再使用,平辈或晚辈只能称其“字”,以示尊重。取号至少在周代就已经出现了,《周礼》解释说:“号,谓尊其名,更为美称焉。”“号”也称别称、别字、别号,称别人是为了表示尊敬,称自己则一般只用于作品中。古人经常以地名和志趣取号,如杜甫号“少陵野老”,白居易号“香山居士”,苏轼号“东坡居士”,辛弃疾号“稼轩居士”等。宋代之后,文人多以“号”相称。

古代也有一些特殊称谓，根据辈分、身份与关系的不同,可以分为谦称、敬称等。皇帝自称“朕”“寡人”等,这些称号在先秦本为普通人的谦称,之后则作为皇帝的专用谦称。臣子的谦称则有《答司马谏议书》的“某”,出自《陈情表》的“臣”、“愚”和“猥”等。臣子则称皇帝为“陛下”,如《陈情表》有“愿陛下矜愍愚诚”。该词原指台阶下的侍者,因臣子不能直呼天子,必须由台下侍者转告,后来“陛下”就成为对帝王的尊称。

文言文教学必须将这些文化常识融入其中，这样不仅可以消除学生阅读文言文的障碍，还可以让学生了解中华

[1]许慎.说文解字[M].苏州:江苏古籍出版社,2001:160.

传统文化,了解古人的思想观念和价值旨趣,从而增强学生学习文言文的兴趣。

**(四)标识时空的历法地理**

与今人相比,古人计时有一套独立的系统。夏历是中国最早的历法,属于阴阳历,以月球绕行地球一周为一月,通过闰月使得一年为一个回归年,并设置二十四节气反映季节的变化特征。相关记载保存于《大戴礼记》和《夏小正》等典籍中。古代用干支计日或纪年,“干代表天,支代表地”,十天干与十二地支相配,形成六十一甲子,循环往复,记录“日”或“年”。《兰亭集序》所谓“永和九年,岁在癸丑”中的“癸丑”就是以干支纪年。从西周开始,古人将一天分为十二个时辰,汉代命名为夜半、鸡鸣、平旦、日出、食时、隅中、日中、日昳、晡时、日入、黄昏、人定,后来又用十二地支来一一对应,如夜晚二十三点到次日半夜一点为子时,或称“夜半”。“点卯”就是当差时进行点名,指的是早上六点左右。

由于时代变迁,古今地理名称差别很大。仅就“中国”而言,就有“九州”“八荒”“天下”等称谓。“中国”最早出现于西周早期的“何尊”铭文,即“宅兹中国,自兹乂民”,意思是(周武王)要营造成周洛邑,以此来统治东方的人民。在不同语境中,“中国”有不同的含义,有京师、天子统治的区域、中原地带、国内或内地、华夏或汉族建立的国家等不同内涵。从汉代开始,人们常把中原王朝称为“中国”。由此可见,“中国”这个概念由小到大,逐渐扩展。辛亥革命后,“中国”正式成为“中华民国”的国名。还有一些地理概念，如“江表”“江东”都指长江以南地区，“表”就是“外”，因为从中原来看，长江之外就是长江以南。自九江到南京，长江为西南、东北走向，故江南称为“江东”，大致为今江苏、安徽、上海、浙江、江西等地区。还有《过秦论》提到的“山东”，指的是崤山以东地区，而不是今天的山东省。

### （五）丰富多彩的节日民俗

中国传统节日是中华民族悠久历史文化的组成部分，包含丰富多彩的民俗文化。如元宵节、上巳节、寒食节、清明节、端午节、七夕节、中元节、中秋节、重阳节、寒衣节、下元节、腊八节、冬至节、小年、除夕等，这些节日与民间信仰、宗教、节气和历史传说有关。在讲授《屈原列传》时，教师肯定会提及端午节的起源，以及和屈原有关的赛龙舟、包粽子等悠久的习俗文化。王羲之的《兰亭集序》提到的“修禊事”，又称“祓禊”，是在上巳节，即农历每年的三月初三，古人举行的“临水洗濯，濯除不洁”活动。魏晋文人崇尚自由，在这个特立独行的时代产生了所谓“魏晋风度”。王羲之在上巳节邀请故友以“修禊”为名，举行了一场文人吟诗唱和的高雅集会。他们坐在溪水旁，“流觞曲水”，谈今论古，留下了这篇传诵千古的名篇。节日习俗来源于民众的社会生产生活，反映了社会风貌，但是伴随着“洋节”的盛行，当前很多传统节日及习俗被人淡忘，因此，高中文言文教学要充分利用教学资源，传承和弘扬中华传统节日及习俗文化，增强学生的民族文化认同感。

### （六）灿烂辉煌的典籍文化

传世典籍是中华传统文化的重要载体，也是高中文言文教学的重要内容。儒家典籍是中华传统文化中最重要的内容，其代表是“四书五经”。统编高中语文课本取自《论语》的有《子路、曾皙、冉有、公西华侍坐》和《〈论语〉十二章》，选自孟子的则有《劝学》、《齐桓晋文之事》和《人皆有不忍人之心》，《礼记》也有节选，由此可以看出高中语文课本对儒家经典的重视。同时，课本也选用了诸子百家中老子、庄子、墨子的作品，展现了道家、墨家的思想文化。高中生应该对儒家、道家和墨家的相关典籍和思想有基本了解，对其中的名篇进行诵读，以感受中华优秀传统文化的意蕴。史部典籍也是统编语文课本选文的来源之一，从《史记》到《明史》的二十四史需要学生有所了解。《史记》是我国第一部纪传体通史，课本选有《鸿门宴》《屈原列传》；《汉书》是我国第一部纪传体断代史，选有《苏武传》；还有欧阳修的《新五代史》中的《五代史伶官传序》。典籍是中华传统文化存在和传承的根基，不仅记录了史事和古人的思想，也彰显了民族精神和文化价值。

## 二、传统精神文化

中华传统文化是中华民族的“血脉”，是中国人的精神家园。高中语文文言文尤其是其中涉及“核心思想理念、中华人文精神、中华传统美德”[1]的部分，是中华优秀传统文化的精髓所在。

**（一）“推己及人”的仁义精神**

儒学是中国古代历代王朝的核心意识形态，也是中华传统文化的宝贵财富。孔子最先提出“仁”的思想，孟子将其发展为“仁政”的治国理念。经过一代代中国人的传承，逐渐形成“修身齐家治国平天下”的系统理念。“仁爱”从小到大，逐渐放大，推己及人，在善待自己、亲人和朋友的前提下，强调个人对社会发展的责任和义务。

《〈论语〉十二章》：“人而不仁，如礼何？人而不仁，如乐何？”孔子认为礼乐要围绕“仁爱”来施行，否则就没有意义；“克己复礼曰仁……非礼勿视，非礼勿听，非礼勿言，非礼勿动”，孔子认为施行仁爱，就要用礼制来约束自己的欲望，规范自己的言行。孟子发展了孔子的思想，将君子坚持的“仁”发展到统治者的“仁政”。在《人皆有不忍人之心》一文中，孟子由人本性的“不忍之心”推导出“恻隐、羞恶、辞让、是非”四端，从而导出统治者应该施行“仁政”。孟子在《齐桓晋文之事》一文中，也以“人皆有不忍人之心”为出发点，认为国君要发扬心中这种善端，推己及人，恩及百姓，如此不难“保民而王”。孟子还主张，要保证民众拥有一定产业，使他们能

[1]中共中央办公厅、国务院办公厅. 关于实施中华优秀传统文化传承发展工程的意见[EB/OL].(2017-01-25)[2023-05-06]. https://www.gov.cn/gongbao/content/2017/content_5171322.html.

养家糊口，安居乐业，然后用“礼义”来引导民众，加强伦理道德教育，从而实现“王道”。这就是孟子“保民而王”的“王道”思想和富民教民的“仁政”主张。

“义”，宜也，与“仁”密不可分，也是源于人本性的“不忍之心”，如此才会不计个人得失，为他人、为社会牺牲自己，即“舍生取义”。在《烛之武退秦师》一文中，烛之武在国家危难之际，不计个人得失，深明大义，高龄出使，与秦伯据理力争，拯救陷入危亡的郑国。“义”是个人价值的最高体现，展现的是无论何时都要自觉坚守的“道义”。

因此，“仁义”既是一种道德准则，也是一种崇高的精神境界。深厚博大的“仁义”精神是中华民族数千年来一直秉持的道德传统，也是当今中华民族友爱互助、助人为乐，以及为了维护社会利益、人民利益而不惜牺牲自己的精神源泉。

**(二)“以人为本”的主体精神**

早在春秋战国时代，一些思想家已经提出“民本”观念。例如孟子就提出了“民为贵，社稷次之，君为轻”的思想，这与今天的“以人为本”思想相通。统编高中语文课本对此多有反映。孟子在《齐桓晋文之事》一文中规劝君主要珍爱和平，任用贤能，施行仁政。魏征在《谏太宗十思疏》中表达了“以民为贵，以仁为本”的思想。他说：“怨不在大，可畏惟人；载舟覆舟，所宜深慎。”魏征以隋二世而亡为教训，认为人民既可以拥戴一个王朝，也可以推翻不得人心的统治者，人民的力量是不可忽视的,这是统治者需要谨慎思考的问题。基于这一点,君主要体恤民情,以仁爱治国,不能滥用民力、横征暴敛。杜牧在《阿房宫赋》中借古讽今,指出了“以民为本”与长治久安的关系,认为“使六国各爱其人,则足以拒秦”,认为假如六国可以安抚其百姓,就能抵抗秦国,避免覆亡。《过秦论》中也有“及至始皇……执敲扑而鞭笞天下……以弱天下之民”的说法。秦始皇用暴政统治民众,导致后来秦二世而亡,这与《阿房宫赋》表达的是同样的思想。

党的十八大报告指出,“坚持以人为本、执政为民,始终保持党同人民群众的血肉联系”,同时强调“以人为本、执政为民是检验党一切执政活动的最高标准”。[1] 党的十九大报告升华了这一思想,提出坚持以人民为中心的发展思想。“人民是历史的创造者,是决定党和国家前途命运的根本力量。必须坚持人民主体地位,坚持立党为公、执政为民,践行全心全意为人民服务的根本宗旨,把党的群众路线贯彻到治国理政全部活动之中,把人民对美好生活的向往作为奋斗目标,依靠人民创造历史伟业。”[2] 党的二十大报告继续升

[1]胡锦涛. 坚定不移沿着中国特色社会主义道路前进 为全面建成小康社会而奋斗:在中国共产党第十八次全国代表大会上的报告[M]. 北京:人民出版社,2012:50-51.

[2]习近平. 决胜全面建成小康社会 夺取新时代中国特色社会主义伟大胜利:在中国共产党第十九次全国代表大会上的报告[M]. 北京:人民出版社,2017:21.

华这一思想，旗帜鲜明地指出："江山就是人民，人民就是江山。中国共产党领导人民打江山、守江山，守的是人民的心。治国有常，利民为本。为民造福是立党为公、执政为民的本质要求。必须坚持在发展中保障和改善民生，鼓励共同奋斗创造美好生活，不断实现人民对美好生活的向往。"[1]新时代的青少年要好好学习传统文化中的"民本"思想，树立为人民服务的宏伟理想。

**（三）敬老爱幼的孝悌精神**

孝敬父母、和睦兄弟、尊敬师长是做人的基本准则。"百善孝为先。""孝"指的是一个人可以用心侍奉双亲，"悌"指兄弟之间要和睦友爱。"孝弟也者，其为仁之本与！"（《论语·学而》）孔子认为孝顺父母、顺从兄长是"仁"的根本，因此，"君子之事亲孝，故忠可移于君；事兄悌，故顺可移于长"（《孝经·广扬名》）。传统的孝悌精神背后其实暗含了做人的优良品德。在统编高中语文课本中，西晋李密的《陈情表》字里行间彰显了"孝"的理念。李密言："臣无祖母，无以至今日；祖母无臣，无以终余年"，"是以区区不能废远"。因为祖母无人奉养，所以放弃在京城任职的机会。由于晋武帝倡导以孝治天下，于是李密达到了"陈情"的目的，使晋武帝深受

[1]习近平. 高举中国特色社会主义伟大旗帜　为全面建设社会主义现代化国家而团结奋斗：在中国共产党第二十次全国代表大会上的报告[M]. 北京：人民出版社，2022：46.

感动,接受了他的辞呈。在《项脊轩志》中,作者归有光借老妪之口回忆了母亲在世时对自己的关爱,"语未毕,余泣,妪亦泣";忆及祖母说自己像女孩子一样,默默在家读书,深感欣慰,觉得明日一定可以高中为官,故"瞻顾遗迹,如在昨日,令人长号不自禁"。寥寥数语可以看出其对母亲和祖母的眷恋之情。另外,《论语》《孟子》也反映了弟子对师长的尊敬和顺从。弟子提出问题,阐述内心想法,然后虚心听取老师的见解,这也是孝悌精神的反映。

事实上,孝悌精神不仅要求我们善待父母兄弟,爱护子女,还要善待身边的人,尊敬师长和领导,友爱同事和朋友,也鼓励人们"老吾老以及人之老,幼吾幼以及人之幼",把孝悌的道德情操推己及人,尊敬、爱护和关心天下所有的老年人和儿童,以此推动家庭和谐与社会进步。

**(四)淡泊名利的隐逸精神**

隐士文化是我国传统文化的重要组成部分,反映了中国古代士人的一种高贵的精神追求和心态。隐士必须是"士",即有才华、有能力的知识分子,有做官的机会或能力却甘愿隐居山野。中国最早的隐士据说是许由,他拒绝了尧的禅让邀请而隐居山林。《论语·微子》记载了这样一个故事:子路跟随孔子出行,结果因落后迷了路,就向一个"丈人"询问是否看见他的老师。"丈人"说,四体不勤,五谷不分。谁是你的老师?说完就把拐杖插在地上开始除草。子路不知如何是好,就拱手站立,等待"丈人"干完活。"丈人"被子路虔诚的态度感动，于是邀请子路去他家做客。次日，子路将此事告诉孔子，孔子认为此“丈人”是“隐者也”。隐士的主要特点是淡泊名利，对现实社会有清醒的认识，即“世人皆浊我独清”，这是古代很多文人可望而不可即的精神追求。高中语文课本中《归去来兮辞（并序）》就描写了一个隐士的田园生活，再现了一个隐士的心路历程。陶渊明曾经五次出仕，多出任参军、县令等小官。辞去彭泽令后，决心“不为五斗米折腰”，毅然选择回归自然。在魏晋门阀政治和崇尚清谈的背景下，出身低微的陶渊明最后选择归隐，确实是不得已之举。归隐后的陶渊明寄情山水，娱情诗酒，体验农趣，真正成为一个淡泊名利、敢于追求本心的诗人。

**（五）弘毅乐观的人格精神**

儒家传统文化要求上到天子下到百姓，每个人都必须时时完善自己，即“修身齐家治国平天下”。由己推人，从家庭到社会，不断提升自己的品行、人格。人格是一个人稳定的心理状态，修养是教育之后形成的道德品质，而宽容、坚韧、乐观是其重要体现，即所谓“自强不息，厚德载物”。当前，教师需要挖掘文言文中的人格精神，为高中生的人格修养提供资源和动力。

《〈论语〉十二章》中曾子曰：“士不可以不弘毅。”“海纳百川，有容乃大”，宽容待人是中华民族的传统美德。在《〈论语〉十二章》中有“其‘恕’乎！己所不欲，勿施于人”的说法，可见，“宽恕”和“仁爱”也是相通的。在《答司马谏议书》中，尽管王安石变法遭到司马光的反对，二人可谓政治上的“死对头”，但王安石还是展示了其良好的人格魅力和修养，以尊重的口吻答复司马光，最后还说“无由会晤，不任区区向往之至”，表达了对司马光的崇敬之意。《谏太宗十思疏》中，魏征针对唐太宗晚年的骄奢倾向，劝谏唐太宗“思江海下百川”，即要有江海容纳众水的宽宏度量。

“大丈夫有所为有所不为”，为了坚持理想和正义就要忍辱负重，懂得隐忍。司马迁忍受酷刑的耻辱和痛苦，完成了《史记》。只有在人生处于低谷时坚忍不屈，才能有所成就。统编高中语文课本中所选文章的作者——孔子、屈原、左丘明、王羲之、陶渊明、苏轼，谁人不是如此！他们的人生之路充满坎坷，但最终能战胜苦难，流芳千古。《劝学》中荀子列举“冰”“青”等，劝勉人们要坚持学习，认为“故不积跬步，无以至千里；不积小流，无以成江海”。学习从来就不是一件愉快轻松的事，“其义不可须臾舍也”，需要有坚韧的意志。班固的《苏武传》载，苏武留胡十九年，忠于大汉，矢志不渝。匈奴为了消磨他的抵抗意志，将苏武囚禁于地窖，忍受饥寒交迫之苦；又流放到荒无人烟的北海牧羊，让其忍受孤独无望。最终苏武凭借顽强的意志和隐忍的精神，不辱使命，回到大汉，“始以强壮出，及还，须发尽白”。

乐观向上是一种人生的境界，也是一种优良的处世态度。对于初涉人世的青少年，如能有所领悟，更是受益良多。司马迁遭受宫刑，仍然没有绝望放弃，而是自强不息，完成了《史记》。陶渊明在《归去来兮辞(并序)》中表达了对田园生活的热爱,体现了他淡泊、乐观、豁达的人生态度。苏轼仕途受阻被流放岭南,见客人感慨人生短暂而劝解对方,但仍不失乐观豁达的精神,徜徉于山水之间,完成了经典之作《赤壁赋》。乐观是苦难人生的一剂"解药",只有自强不息、乐观豁达的强者才能看到风雨过后的"彩虹"。

**(六)饱含深情的爱国主义精神**

爱国主义精神是社会主义核心价值观的重要内容,不仅表现为对国家和民族的热爱,也有对祖国山川和文化的热爱。爱国主义精神是中华优秀传统文化的重要内容,不同历史时期有不同的表现形式。当然,在古代社会,爱国包含着对国家的忠诚和对君主的忠心,爱国和忠君密不可分,这种意义上的爱国有一定的局限性。高中语文教师在讲授文言文时,要正视这种情况,摒弃古代爱国主义精神中的时代和阶级局限,与现代的爱国情怀相统一。正是这种忧国忧民的爱国情怀,激励着一代代仁人志士不畏强暴,为了维护国家和平、领土完整和民众幸福、民族团结而奋斗不息。

高中语文文言文反映爱国主义精神的篇章较多。如在《屈原列传》中,面对君主被奸臣迷惑,听信谄媚之言、不容方正的状况,屈原多次规劝君主不听,从而踏上流亡之路,最终在楚国灭亡后跳进汨罗江,殉国而死。屈原的忠贞爱国、矢志不渝表现得淋漓尽致。在《烛之武退秦师》中,烛之武在郑国被秦晋围困的危难之际,不顾个人安危,连夜缒城而下，利用秦晋之间的矛盾，凭借自己高超的游说技巧，瓦解了秦晋联盟，解除了郑国危机，体现了先国后己、一心为国的情怀。《谏太宗十思疏》中，面对唐太宗逐渐骄奢的倾向，魏征冒着巨大风险向唐太宗直言进谏，提出十条建议，希望君主可以居安思危，戒奢以俭，反映了魏征对国家昌盛、国泰民安的美好期盼。在《六国论》中，针对北宋对契丹、西夏的妥协退让和一味求和，苏洵借古讽今，申明“六国破灭，非兵不利，战不善，弊在赂秦”的道理，告诫北宋君主不要重蹈六国败亡的覆辙，反映了苏洵心系天下、勇于直言的爱国热忱。

## 第三节　高中文言文渗透中华优秀传统文化教育的意义

高中语文文言文中的传统文化，包括知识文化和精神文化两个方面。在教师的引导下，通过学习文言文课文，可以让学生更好地理解古人的生活，提高学生的审美能力，理解古人的精神世界；也可以丰富学生的知识结构，提升学习的深度；还可以增强学生的人生体验，提升人格修养，增强社会意识，弘扬爱国主义精神。

## 一、增强学生思维的深刻性

“语文素养是一种以语文能力为核心的综合素养，其要素包括语文知识、语言积累、语文能力、语文学习方法和习惯，以及思维能力、人文素养等。”[1] 我国传统文化内容丰富，涉及古代政治、经济、文化、艺术、宗教和哲学等内容。通过对文言文所含中华优秀传统文化的学习，可以开阔学生的视野，增加学生的知识储备和积累。例如古代文化常识是传统文化教学的重要组成部分，包括汉字文化、礼仪制度、官员选拔制度、官吏制度、姓氏名号、历法地理、节日风俗、典籍文化等，这些知识零散细碎，需要平时认真积累，适时系统化。学生通过学习传统文化知识，一方面积累了古代文化常识，了解了古人的生活状况，另一方面加深了对课文的深入理解，增强了学习文言文的兴趣。例如《兰亭集序》提到的“修禊事”，要让学生了解农历每年三月初三是上巳节，古人在这一天要在水边洗濯，濯除不洁，因此王羲之于此日以文会友，举行笔会，类似于今天的踏春或游春活动。另外《陈情表》中讲到斩衰、齐衰、大功、小功、缌麻等“五服”制度，教师就要告诉学生古代丧服以穿戴时间、麻布的粗糙程度、制作的精细程度、制作的样式作为与丧者亲疏远近的标志。

---

[1]张影. 浅谈小学语文教学如何培养学生的语文素养[J]. 中国校外教育(上旬刊),2016(10):85.

另外，高中文言文学习并非能够读懂、了解大意就行了，而是要进行深层次的思考。语文核心素养中有“思维发展与提升”的要求，这就要调动学生思考中华传统文化中的相关问题，提升学生的思维品质和独立思考能力。语文课本中选用了不少儒家经典作品，有《论语》、《孟子》和《荀子》等，可以鼓励学生根据文本比较他们思想的差异，如“仁”与“仁政”的异同，还有孟子与荀子教育主张的差异等。通过比较，学生能对儒家思想有更深入的理解；同时挖掘经典的核心要义，也能让学生的思维更加深刻。

## 二、重视传统文化中的审美体验

高中语文课本所选文言文都来自经典作品，文质兼美，内涵丰富，充分反映了古人的审美情趣和思想，课本的单元导语部分也多次要求学生感受古文的文字美和思想美。

最能体现古人审美旨趣的文言文要数游记。创作者以优美凝练的语言进行风景描写，包含构图、色彩、声音等多种感官元素，抒发作者对自然的热爱并进行议论，揭示人生的哲理。篇幅虽短，却反映了古人对自然和人生的理解，具有较高的传统文化审美价值。例如苏轼在《石钟山记》中描写绝壁：“侧立千尺，如猛兽奇鬼，森然欲搏人”，画面感十足；“暮夜月明”，夜幕中有一轮明月，色彩并不明丽，似乎是黑白色彩，为后面的可怖声音进行铺垫；“而山上栖鹘，闻人声亦惊起，磔磔云霄间”，“而大声发于水上，噌吰如钟鼓不绝”，鸟鸣之声、钟鼓之声，动静结合，使得学生身临其境，于静谧中感受轰响，察觉其可怖。最后苏轼对郦道元和李渤关于石钟山得名的说法进行了批评，得出了“事不目见耳闻，而臆断其有无，可乎？”的结论，表现了作者注重调查研究的求实精神，富有教育意义。

古人描写山水自然的文章汗牛充栋，即使同为一地，不同的创作者也有不同的审美感受，这与作者的心境、情绪和思想有很大的关系。山水形状、鸟兽、声音、色彩等经过作者的视觉、听觉处理，带有很强的主观色彩，反映了作者独特的审美趣味和思想感情。

## 三、完善并提升学生的人格修养

梁启超讲到文化传统时说：“人类所以优胜于其他生物者，以其富于记忆力与模仿性，常能贮藏其先世所遗传之智识与情感，成为一种‘业力’，以作自己生活基础。而各人在世生活数十年中，一方面既承袭所遗传之智识情感，一方面又受同时之人之智识情感所熏染，一方面又自浚发其智识情感，于是复成为一种新业力以贻诸后来。”[1] 文言文中的传统文化都是智者的精神凝练，可以帮助重构和完善学生的人格。关于这一问题，许嘉璐说道：“为什么要提出用‘传统’教育青少年呢？我国有着悠久而优秀的传统，这是我们的祖

[1]梁启超. 中国历史研究法[M]. 北京：中国书籍出版社，2017：11.

先在几千年奋斗过程中积累下来的宝贵财富，也是中华民族赖以延续发展的精神支柱。在我们的文化遗产中固然有不少糟粕,但是能够作为民族精神代表的,无疑是那些维系并激励民心的东西。”[1]

高中语文课本所选文言文经典篇章，创作者都是不同时代的英杰。孔子提出了“三军可夺帅也,匹夫不可夺志也”的说法,孟子提出了“富贵不能淫,贫贱不能移,威武不能屈。此之谓大丈夫”的观点,荀子提出“学不可以已”的论述,司马迁遭宫刑后仍坚持作《史记》,还有陶渊明、苏轼等人的作品告诉我们宽容、坚忍和乐观向上的意义。

古人崇尚“以和为贵”,夫妻和睦、兄弟团结、孝敬父母、尊老爱幼,这是人们追求的共同价值观。西晋李密的《陈情表》表现了对祖母的至孝,读来令人感动。归有光的《项脊轩志》反映了作者对祖母、母亲和妻子三位女性的怀念,既有孝心又有古代夫妻间难得的真情。这些作品都洋溢着浓厚的古典人性和人情之美,读来让人动容。

因此,高中文言文教学应加大中华优秀传统文化教育,让学生接受传统道德的熏陶,汲取传统文化的养分。这样不仅可以提升自己的人格修养，也有利于中华民族优秀传统美德和民族精神的传承与弘扬,是“功在当代,利在千秋”

[1]许嘉璐. 中华文化·传统道德·思想教育[M]//未安集:许嘉璐说教育. 北京:教育科学出版社,2002:28-29.

“十年树木，百年树人”的伟大事业。

## 四、培养学生的爱国情怀

儒学是先秦时期伦理道德的典范，孔子的“仁”是人格道德规范的标准，孟子的“仁政”则将其政治化。孔子提出“取义成仁”，孟子的“仁政”观关联国家与社会，将个体融入集体之中。事实上，表现在文言文中的儒学观念不自觉地已经融入中国人生活的方方面面，并对人们的道德和价值观念产生潜移默化的影响。

中华传统文化以知识为“表”，精神为“里”，表里相互配合，缺一不可，其精髓就是精神文化。对儒家大夫来说，在家尽孝，在国尽忠，两者是一致的，因此儒家传统价值本身就是“集体主义”。孔子曰：“富与贵，是人之所欲也；不以其道得之，不处也。贫与贱，是人之所恶也；不以其道得之，不去也。”[1]当个人利益和国家利益发生冲突时，儒家自然顾全大局，“舍生取义”。孟子要求“富贵不能淫，贫贱不能移，威武不能屈”，更增加了为维护集体利益而不畏强暴、敢于牺牲个人利益的决心，这是对爱国主义的最好诠释。传统文化中的价值观与现代民族精神有一定的一致性和传承性，这是我们当前加强中华优秀传统文化教育的重要原因。

由此可见，文言文教学是中华优秀传统文化最重要的

---

[1]杨伯峻，杨逢彬. 论语[M]. 长沙：岳麓书社，2020：32.

传承方式,其重要性不言而喻。新时代的高中语文教师应该高度重视、理解文言文学习的价值以及接受中华优秀传统文化教育的重要性,并积极引导学生了解古代传统文化知识,理解文言文蕴含的传统文化精神,热爱祖国的语言文字,培养良好的道德品质和家国情怀。

# 第三章　中华优秀传统文化融入高中文言文教学的现状、问题及原因

## 第一节　中华优秀传统文化融入高中文言文教学现状分析

学习中华优秀传统文化是树立学生文化自信的重要方式，也是构建和完善学生知识体系，帮助其树立正确人生观、价值观和审美意识的重要途径。笔者采用调查问卷和访谈的形式了解中华优秀传统文化融入高中文言文教学的情况，从而为后面的问题及原因分析奠定基础。

### 一、调查问卷、访谈提纲设计思路

为了解中华优秀传统文化融入高中文言文教学的现状，笔者设计了调查问卷和访谈提纲，对宁夏××中学的300名高中生进行了问卷调查，并对该校10名语文教师进行了访谈，了解他们对中华优秀传统文化和文言文教学的看法与态度，也了解高中语文教师的教学方式和方法，以及

中华优秀传统文化如何渗透到高中文言文教学中。

“中华优秀传统文化融入高中文言文教学现状调查问卷(学生部分)”设置了11个单选题和1个主观性必答题,主要涉及以下几个方面:(1)学生对文言文及中华优秀传统文化的兴趣;(2)学生对文言文及中华优秀传统文化的认识;(3)中华优秀传统文化融入文言文学习、教学方式。最后的问答题是,希望学生对文言文教学与中华优秀传统文化的融合提出建议。

由于本校语文教师人数有限,故采用访谈形式进行调查,共设计了5个问答题。问题设计围绕以下几个方面:(1)教师对文言文教学重点的理解,了解教师的文言文水平;(2)教师对中华优秀传统文化的兴趣和理解程度;(3)中华优秀传统文化融入高中文言文教学的必要性和意义;(4)教师在文言文教学中采用的教学方法,以及围绕学习中华优秀传统文化所开展的活动;(5)教师在中华优秀传统文化融入高中文言文教学中采取了哪些措施,未来有什么计划。

问卷调查采用抽样方式进行,随机抽取宁夏××中学高中一、二、三年级各100名同学作为调查对象,发放问卷,并解释调查的目的、方法、注意事项和意义,从而提高问卷的有效性。学生调查问卷发放300份,回收有效问卷280份。教师访谈在课余时间,采用线上和线下座谈方式进行,访谈教师编号采用A–J依次编码。

## 二、调查问卷结果及分析

### （一）高中生对文言文及中华优秀传统文化的兴趣

兴趣是最好的老师，中华优秀传统文化融入文言文教学的效果和程度与学生的兴趣和参与程度密切相关。如表3.1所示，高中生对文言文的好恶基本持平，喜欢文言文的比例占到45.36%，将近一半的同学都喜欢文言文；兴趣一般的同学占到30%，是教师重点关注和争取的对象；不喜欢文言文的同学占到24.64%。由此可见，文言文对高中生的吸引力一般，但是大部分同学并不讨厌文言文，教师如果完善教学内容和改进教学方式，提高学生的文言文学习兴趣也是有可能的。

表3.1　你喜欢学习文言文吗？

| 选项 | 选择人数 | 占总人数的比例 |
| --- | --- | --- |
| 喜欢 | 127 | 45.36% |
| 一般 | 84 | 30% |
| 不喜欢 | 69 | 24.64% |

表3.2反映了高中生对中华优秀传统文化的喜好程度。数据显示，有55%的同学喜欢中华优秀传统文化，占到总人数的一半以上，但也有近三分之一的同学对中华优秀传统文化的喜好表现为一般。令人乐观的是，不喜欢学习中华优

秀传统文化的学生比例很小，只占11.79%。由此可见，中华优秀传统文化对高中生的吸引力还可接受，但也有很多同学没有意识到中华优秀传统文化的重要性和意义，只有少部分同学明确表示不喜欢中华优秀传统文化。教师应该调整中华优秀传统文化的讲授内容，吸引学生，不断完善和改进教学方式，提高学生对中华优秀传统文化的兴趣。

表3.2 你喜欢学习中华优秀传统文化吗?

| 选项 | 选择人数 | 占总人数的比例 |
|---|---|---|
| 喜欢 | 154 | 55% |
| 一般 | 93 | 33.21% |
| 不喜欢 | 33 | 11.79% |

### (二)高中生对文言文及中华优秀传统文化的认识

从表3.3可以看出，文言文学习面临的最大问题是文言文深奥抽象，难以理解；也有学生认为其与现实生活脱节，没有应用价值；还有教师讲解没有趣味性，学习没有动力；只有3.93%的学生认为学习文言文没有困难。由此可见，很多学生觉得文言文学习难度较大。

在文言文学习动机调查中，有32.5%的高中生认为学习文言文是因为其语言凝练，历史比较悠久；有20%的高中生认为学习文言文是因为其蕴含中华优秀传统文化；有47.5%的高中生是因为应试而学习文言文(见表3.4)。由此可见，

**表 3.3　你在学习文言文过程中遇到的困难是？**

| 选项 | 选择人数 | 占总人数的比例 |
|---|---|---|
| 在生活中没有应用机会 | 90 | 32.14% |
| 深奥抽象，难以理解 | 132 | 47.14% |
| 讲解无趣，没有兴趣 | 47 | 16.79% |
| 没有困难 | 11 | 3.93% |

**表 3.4　你学习文言文的主要原因是？**

| 选项 | 选择人数 | 占总人数的比例 |
|---|---|---|
| 语言凝练，历史悠久 | 91 | 32.5% |
| 蕴含中华优秀传统文化 | 56 | 20% |
| 考试要求 | 133 | 47.5% |

在升学压力面前，很多高中生是迫于应试而学习文言文。

从表 3.5 可以看出，高中生对中华优秀传统文化有一定认识，绝大多数高中生认为中华优秀传统文化融入文言文教学是重要的，其中有 58.93%的同学认为非常重要，有 34.64%的同学认为重要，只有 6.43%的同学认为不重要。由此可见，绝大多数同学对于传承和弘扬中华优秀传统文化是有正确认知的。

**表 3.5　你认为中华优秀传统文化融入文言文教学重要吗?**

| 选项 | 选择人数 | 占总人数的比例 |
| --- | --- | --- |
| 非常重要 | 165 | 58.93% |
| 重要 | 97 | 34.64% |
| 不重要 | 18 | 6.43% |

表 3.6 显示,高中语文教师在文言文讲授中渗透中华优秀传统文化教学内容时,有 47.5%的同学认为自己在认真听讲,并且做好笔记;有 33.93%的同学认为自己偶尔听听,会经常走神;有 18.57%的同学表示自己对中华优秀传统文化不感兴趣。由此可见,不到一半的同学能做到认真听讲,但还有三分之一稍多的学生认为自己注意力很难集中。可见学生虽然认识到学习中华优秀传统文化的重要性,但是实际教学的课堂参与度堪忧。

**表 3.6　对文言文中的中华优秀传统文化教学,你表现如何?**

| 选项 | 选择人数 | 占总人数的比例 |
| --- | --- | --- |
| 认真听讲,做好笔记 | 133 | 47.5% |
| 偶尔听听,经常走神 | 95 | 33.93% |
| 不感兴趣 | 52 | 18.57% |

### （三）中华优秀传统文化融入文言文学习、教学方式

表 3.7 相关数据显示，有 40.71%的同学喜欢讲授式课堂，有 47.5%的同学喜欢活动式课堂，有 11.79%的同学喜欢自学式课堂。由此可见，学生普遍喜欢活动式教学形式。讲授式还是最主要的教学方式之一，自学式课堂形式难度较大，喜欢的同学较少。因此，语文教师应该尝试多样化的教学方式，调动学生学习的积极性。

**表 3.7　你喜欢什么样的语文课堂？**

| 选项 | 选择人数 | 占总人数的比例 |
|---|---|---|
| 讲授式 | 114 | 40.71% |
| 活动式 | 133 | 47.5% |
| 自学式 | 33 | 11.79% |

由表 3.8 可见，超过一半的同学认为文言文的词汇、语法最难，占到 54.64%，这是因为古代汉语与现代汉语差距较大，文言词汇晦涩难懂，学生理解较难。这是影响文言文学习的最大障碍。有 7.14%的同学认为理解文言文的思想内涵最难，有 27.86%的同学认为学习古代文化知识最难，有 10.36%的同学认为翻译和理解大意最难。从前面的调查可以看出，绝大多数学生对传统文化知识及其思想内涵是有兴趣的，但由于字词、语法的障碍，学生望而生畏，因此教师要注意提升学生的学习信心。

表 3.8 你认为文言文教学中哪部分最难?

| 选项 | 选择人数 | 占总人数的比例 |
| --- | --- | --- |
| 词汇、语法 | 153 | 54.64% |
| 翻译及大意 | 29 | 10.36% |
| 古代文化知识 | 78 | 27.86% |
| 思想内涵 | 20 | 7.14% |

由表 3.9 反映的相关数据可知，有 41.43%的高中生学习文言文的主要方式是依靠教师串讲和做笔记，有 33.93%的同学主要依靠背诵来学习，只有 5.71%的学生依靠课外阅读来提升自己的文言文水平，说明学生学习文言文主要是被动学习。当前，新高考改革逐渐在全国展开，中华优秀传统文化的内容必然会大大增加，这无疑加大了高考语文学科的难度。学生通过听讲和死记硬背来学习文言文，不仅会占用大量时间，效率还不高，也就无法通过课外阅读来了解其中包含的中华优秀传统文化知识。

表 3.9 你学习文言文的最主要方式是?

| 选项 | 选择人数 | 占总人数的比例 |
| --- | --- | --- |
| 听讲和做笔记 | 116 | 41.43% |
| 背诵 | 95 | 33.93% |
| 参考学习资料 | 53 | 18.93% |
| 课外阅读 | 16 | 5.71% |

尽管当前基础教育大力提倡教学改革，但是改革必须建立在对学情了解的基础之上，这样才能提升教学改革的效果。表 3.10 相关调查数据反映了高中生对文言文教学的期待。其中：有 62.5%的同学期望增加文学熏陶方面的内容，了解文言文作品的思想内涵和文学价值；有 28.21%的学生倾向于在文言文教学中领悟中华优秀传统文化。由此可见，虽然文言文学习难度大，但是抛开应试压力，从情感上看学生还是非常愿意学习中华优秀传统文化的。

**表 3.10　你希望老师在文言文教学中侧重什么？**

| 选项 | 选择人数 | 占总人数的比例 |
| --- | --- | --- |
| 基础知识 | 12 | 4.29% |
| 文学熏陶 | 175 | 62.5% |
| 做题能力 | 14 | 5% |
| 中华传统文化讲授 | 79 | 28.21% |

表 3.11 数据显示，学生普遍认为文言文教学方法单一，容易使自己产生倦怠心理，无法引起学习兴趣，一定程度上挫伤了学习文言文的积极性。

针对调查问卷第 12 道必答题“对文言文教学与中华优秀传统文化融合，你有什么好的建议”，学生提出了很多很好的建议，较多意见是建议增加中华优秀传统文化的内容和丰富教学方式等。有学生说他们很喜欢看“历史穿越”小

表 3.11 你认为老师在文言文教学中最突出的问题是什么?

| 选项 | 选择人数 | 占总人数的比例 |
| --- | --- | --- |
| 教学方式单一 | 169 | 60.36% |
| 课堂趣味性不强 | 72 | 25.71% |
| 不重视文化渗透 | 39 | 13.93% |

说和电视剧,很想了解一些贴近生活、有趣味性的传统文化知识,如古人穿什么、吃什么、怎么出行、怎么住等,希望老师可以多讲一些这方面的内容。还有同学建议老师可以推荐一些价值较高、可读性强的历史小说,丰富教学内容,改变以单一讲授为主的教学方式。例如可以组织学生阅读《长安十二时辰》(马伯庸著)等通俗类读物,举办读书沙龙等活动,分析其中涉及的中华优秀传统文化。还有同学建议,结合文言文教学多开展一些中华优秀传统文化的体验活动。例如在讲授《石钟山记》《登泰山记》的时候,也可以组织同学们去石钟山、泰山看看,或者退而求其次,游览一下学校所在地的名山大川,欣赏一下当地的名胜古迹;讲授《兰亭集序》《屈原列传》时,可以组织同学们体验一下过上巳节,踏踏青,去水边"修禊"、野餐或者看龙舟赛、吃粽子,这样会使同学们对中华优秀传统文化有更深的理解。

上述建议令人欣喜,表明学生对中华优秀传统文化融入文言文教学很重视,建议也很有针对性和建设性,切中我们当前文言文教学讲授较多、活动较少的弊病，一些建议也有一定的可行性。例如：推荐阅读通俗读物，开展读书活动；多讲一些古人的衣食住行等内容；依托中学必修的"研学旅行"活动，参观本地名胜、山川等。

## 三、教师访谈实录及分析

由于教师数量较少，为了提高调查效率，笔者采用了访谈形式。就中华优秀传统文化融入高中文言文教学问题，笔者访谈了宁夏××中学的语文任课教师。有 10 名教师参加，其中有硕士学位的 3 名，本科学历的 6 名，90%以上都是从汉语言文学师范专业毕业。笔者首先介绍了本次访谈的主题、研究的目的和内容，以及相关注意事项，接着就开始访谈。

### （一）您认为高中文言文教学的重点是什么？您平时如何提升自己的文言文水平？

**教师 C：**什么是文言文的教学重点？要参照最新的课标，本人没有什么发言权，但是课标要求面面俱到，在实践教学中也很难完全落实。我认为教学就要依照学情进行，不能"揠苗助长"。我的教学方式比较传统，觉得传统的应该就是最有效的，重点讲字词、语法、翻译、文义、文章赏析，这是考试的重点。如果这些基础的东西都讲不完，学生对文言文的内容和含义一窍不通，怎么能考出好成绩呢！学生还要多背课文，古诗文背诵和默写最容易丢分，在这上面丢分最亏了,并且背诵课文还可以为写作积累素材。再说讲完这些内容,课时已经几乎没有了。中华传统文化内容驳杂,没有重点,也不知道考什么,浪费太多时间往往得不偿失。我平时也喜欢读《古文观止》《三言二拍》等,但是理论性东西看得少,文言文只会读,不会写,水平真的很一般,真是要"活到老学到老"。我说话比较直,教了二十年书了,思维固化,可能不符合最新的教育理念,还望大家批评指正。

**教师 E:**我同意 C 老师的看法,学习字词、语法,串讲文义、翻译课文都是语文教师的常规操作,我觉得大体没错。我们教学要根据学情来实施。咱们的学生基础一般,能把文言文的基本意思搞清楚已经很不错了,讲太多的传统文化可能也听不懂,吸收不了。尤其是高二、高三的文言文课程,受考试出题的影响,实词与虚词可能是重中之重,传统文化暂时又不考,讲太多真的没有时间。文言文讲了十来年,每讲授一次都是在学习,都有新感受,所谓"教学相长"。当然,我绝对拥护国家的教育方针,传统文化可以培养学生对文言文的兴趣,让学生感受到祖国的古老文化也是很重要的。

**教师 G:**我是一名新入职语文教师,教学经验不足,也随便说几句。听了上面两位老师的讲述,觉得很有道理,真是受益匪浅。文言文的一些基础知识确实很重要,比如字词语法、文义翻译,但是我们也要看到新课标、新教材和新高考已经逐渐推行,国家传承和弘扬中华优秀传统文化的政策已经逐步落实,最终会在新高考中体现,因此我们要未雨绸缪，改变老思维，逐渐适应未来新高考的思路和趋势，加大中华优秀传统文化教学内容。我认为要提升文言文教学水平，作为老师要多读书，《古文观止》《古文辞类纂》等要多品读，《古代汉语》也要常读，《论语》《庄子》《孟子》要通读，要作为枕边必读书。如有说得不合适的地方还请各位前辈批评指正。

整体来看，由于现实教学和学情要求，很多老教师还是将字词语法、文章串讲作为教学的重点，中国传统文化渗透不足。文言文学习没有止境，学好也确实难，但是工作后继续系统学习的教师很少。

**（二）您喜欢中华优秀传统文化吗？高中文言文中包含哪些传统文化？**

**教师 A：**我很喜欢中华优秀传统文化，作为语文老师不喜欢传统文化的应该没有吧！从本科开始我就学习汉语言文学，越学习越觉得中华传统文化重要，感到它博大精深，魅力无穷。近年来，我们教研组也组织过关于中华优秀传统文化的教研活动，认为文言文中包含的传统文化信息量巨大，值得挖掘，例如汉字文化、古代制度、历史地理、节日风俗等。在教学中，《屈原列传》《苏武传》等很多涉及爱国主义精神，这是我们应该向学生灌输的重要价值观。但是我对文言文教学中的传统文化渗透也有一些困惑，感觉包罗万象，缺乏系统，抓不住重点。

**教师 B：**语文教师一般都喜欢中华传统文化，我自己也很喜欢,看的书也以文史哲方面的书为主。中华传统文化包括较多内容,可以分为物质和精神诸多层面。但是在文言文讲授中,我们主要涉及精神层面,例如制度、习俗、审美、价值等,还有爱国主义、人生观等,这些都是传统文化范畴的东西。

**教师 H:**我从小热爱中华传统文化,当年差点儿上了历史系,后来学了汉语言文学。我最喜欢诸子散文,包括《论语》《孟子》《庄子》《道德经》等,里边不仅有仁、义、礼、智、信的思想,还有仁政等观念。老庄思想也充满了智慧,对高中生来说应该积极引导。当然,涉及先秦诸子哲学的东西比较难,需要教师深入浅出地讲授。

上述教师都表示喜欢中华优秀传统文化,并从自身经验出发讲了一下他们所了解的中华优秀传统文化。文言文蕴含的传统文化非常驳杂,内容也多,教学中无法把握重点,因此未来应该开发相关教程,让老师在教学中有的放矢。

**(三)您认为中华优秀传统文化融入高中文言文教学有必要吗?意义何在?**

**教师 A:**我认为在文言文教学中渗透中华优秀传统文化很有必要,这是社会发展的需要,也是新课标的要求,可以帮助学生树立正确的人生观、价值观,形成正确的审美。道理我都清楚,但是文言文教学工作繁重,考试重点在于字词、语法、翻译,课时有限,穿插内容太多不太现实。学生对文言文的兴趣本来就不是很高,如果讲太多的传统文化内容，不但拖慢教学进度，也会让学生分不清哪是重点。我一般只是穿插讲一点儿传统文化内容，用于调节课堂气氛，激发学生学习兴趣。

**教师B：**我和A老师的看法比较一致。文言文确实是中华优秀传统文化的重要载体，也是传承和弘扬中华优秀传统文化的重要阵地。文言文是古代长期使用的书面语言，它本身就是中华传统文化的一部分，蕴含着丰富的内容。讲解传统文化，有助于学生对文言文的理解。目前高考也有涉及传统文化的内容，难度逐渐提升，但是平时讲解对于提升学生成绩作用并不明显，因此，传统文化如何教、学生如何学需要进一步深入探讨。

**教师I：**A老师、B老师说得很好，中华优秀传统文化融入文言文教学很有必要，并且意义重大。工具性与人文性的统一是语文课程的基本理念，文言文教学也是如此。“文化传承与理解”是语文教学四大核心素养之一，可见传统文化教学在文言文教学中的重要意义。但是在文言文教学中，中华优秀传统文化讲什么，怎么讲，是个需要探讨的课题。

从上述三位老师的回答可以看出，大家还是比较认同中华优秀传统文化融入文言文教学的，也愿意在课堂中渗透传统文化教育，提升学生学习兴趣；但是由于应试需要，教师还是侧重字词、语法等的讲授。随着新高考的全面铺开，传统文化内容板块的重要性日益提升，如何讲好传统文化是教师思考的重要问题。大家有这种意识是很好的，只是需要转化为行动。

**(四)您在文言文教学中一般采用哪些教学方法?围绕了解和认识中华优秀传统文化,您会经常组织活动吗?**

**教师A:**我在文言文教学中采用的主要方法是串讲,这是传统疏通文章最好的方式。只有理解了文义,文章的思想和内在逻辑才能理顺,这种教学方法是基于语文教育的基本特点,考虑到教学效率而采用的方法。还有讲授法,这也是主要的教学方法。虽然小组讨论可以活跃课堂气氛,但是需要考虑到学生的认知水平和教学效率,以及小组讨论的有效性。如果徒具形式,我觉得还是串讲和讲授法比较有效。

**教师E:**课程改革已经很多年了,但是在教学中我还是习惯串讲法,既是习惯使然,也是现实需要。当然,也有学生反映这种教学方式比较无趣,于是我就尝试先让学生结合课本和阅读材料提前预习,课堂上让学生进行字词解释和翻译,然后针对学生出现的问题进行点评,重点讲解一些词汇,如此课堂效率确实有所提升。我也采用小组讨论的形式让学生学习文言文中的中华优秀传统文化,虽然比自己讲轻松一点,但是很难抓住重点。

**教师J:**我是一名新教师,听了大家的分享很是受益,我也谈谈自己的一些粗浅想法。经过几次观摩文言文公开课,我深刻认识到教学改革的重要性,也在教学中进行了尝试。我认为串讲法不是不可取,对新教师来说,熟悉教学内容,具备一定的文化积淀,串讲才能讲出内容,况且这也不是一件轻松的事。但是我认为新教师应该扬长避短，可以采用一些学生喜闻乐见的教学形式，例如情景剧、剧本杀等，将中华优秀传统文化融入文言文教学。当然，这些方式作为一种补充和调剂偶尔采用是可以的，但不能作为教学的主导方式。

**（五）您在中华优秀传统文化融入高中文言文教学过程中采取了哪些措施，效果如何，以后计划怎么做？**

**教师 D**：讲授中华优秀传统文化不能照本宣科，光阅读课本是远远不够的。备课的时候我们需要找一些参考资料，有时还需要找到原始典籍，阅读课文相关章节，从而提升自己对文本的理解。在实际教学中，我会组织一些主题活动，让学生到网上找资料，自己去阅读和理解文本。这些活动可以提升学生的思维能力和语言表达能力。在活动中，我也适当补充，完善学生的发言，这样大大提升了学生的学习积极性。例如在讲解《屈原列传》时，我要先介绍一下战国末期的社会背景和屈原当时的处境，然后让学生讲一下他们所知道的端午节，了解一个完整的“屈原”。这种教学方式是很好的尝试，我们千万不要小看高中生，他们的思维有时超出我们的想象。

**教师 C**：听了 D 老师的经验分享我很受启发。在我的课堂上，为了让学生了解文章，我也经常讲一些创作背景、作者生平和文章的思想内涵等，既是扩展内容，也是学习传统文化，有助于学生更好地理解文义。有时候我也会让学生对文章进行评价，锻炼他们的思维能力和语言表达能力。我认为传统文化不能和文言文割裂开来,需要深层次融合。

**教师 F:**刚才两位老师讲得很好,我的做法和他们差不多,既要在文言文讲解中渗透传统文化的内容,也要组织一些专题研讨、小组讨论等。讨论前,我会事先布置题目,让学生搜集资料, 然后在课堂上围绕主题进行讨论, 我最后点评。课外我也会给他们推荐一些文言文方面的图书,让他们自由阅读。组织活动的时候,我也会分享自己的读书心得和体会。

由此可见, 大部分语文教师都在尝试将中华优秀传统文化融入文言文教学,也做了不少努力。他们多采用小组讨论、主题活动等形式。但我们也应该注意到,中华优秀传统文化融入文言文教学要注意形式的多样化, 应将课堂内和课堂外两个阵地结合起来,共同发挥作用。

## 第二节　中华优秀传统文化融入高中文言文教学存在的问题

通过前面对学生的问卷调查及对教师的访谈分析可以发现, 中华优秀传统文化融入文言文教学的过程存在不少问题。下面笔者将从教学内容、教学手段、教师和学生等方面展开分析。

## 一、“言”“文”分离，传统文化与文言文结合不强

通过前面的教师访谈记录可以看出，大部分高中语文教师已经认识到中华优秀传统文化在文言文教学中的重要地位，也认为中华优秀传统文化融入文言文教学是可能的、必要的，并认识到中华优秀传统文化融入文言文教学的重要意义。但是在现实教学中，“言”“文”脱节现象仍然很严重，很多老师不能处理好“言”“文”之间的关系，普遍存在重“言”轻“文”的倾向。一些老教师由于教学惯性，仍然将教学重点放在文言文字词解释、语法和翻译上，要求学生背诵课文，分析文言文与现代汉语的差异。这些老师重视对学生答题技巧的培养，重视提升学生的考试成绩，却忽视了文言文中对中华优秀传统文化元素的渗透。虽然一些青年教师进行了教学改革，重视在文言文教学中渗透传统文化教育，但由于经验不足，可能会“用力过猛”，导致出现重“文”轻“言”现象，也影响到教学效果。事实上，文言文教学始终要和中华优秀传统文化结合在一起，二者缺一不可，否则就会出现偏差。

文言文教学中普遍存在的重“言”轻“文”现象，导致学生将精力主要用于基础知识背诵和记忆，对文言文理解不透彻，而老师只讲词汇、语法和翻译，缺乏对学生价值观、审美观的渗透，使得学生学习动力严重不足。因此，在文言文课堂教学中，教师不应只重视文言文的阅读，还应更多地挖

掘文言文中所蕴含的中华优秀传统文化价值。

## 二、教师教学方法单一，中华优秀传统文化融入文言文教学效果欠佳

从对学生的调查问卷和对教师的访谈可以看出，教学方式单一是学生和教师都比较关心的问题。在文言文教学中，教师普遍采用串讲法，讲授字词、语法，对课文逐字翻译，要求学生默写、做题，很少涉及文言文的情感体验和文化考察。很多学生认为单一讲授法使得课堂气氛沉闷，挫伤了他们学习文言文的兴趣。尽管绝大多数老师一直都对文言文保有浓厚的兴趣，平时也注意学习文言文，但由于现实原因，他们所使用的资料主要是课标、课本和教学参考书等，只停留于教授基础知识的层面，缺乏独立思考的能力，导致教学方式越来越单一。

在访谈中，一些教师也采用小组讨论、情景再现和专题活动等方式丰富教学内容，将中华优秀传统文化融入文言文教学，使学生对文言文有了更加深入的了解和认识，取得了不错的教学效果，也激发了学生学习的兴趣。但是，由于上述教学方式会占用大量时间，延迟教学进度，组织难度也较大，教师们有很大顾虑，表现出一定的局限性。

整体来看，多元化的教学形式是值得鼓励和肯定的，也是需要总结和推广的。另外，利用广播、影视、网络等现代多媒体工具强化中华优秀传统文化与文言文的融合也是一种

趋势。

## 三、教师对中华优秀传统文化重视不足，融入文言文教学深度不够

教师的知识储备、教学观念、教学水平，以及对传统文化的认识都会影响文言文教学的深度和质量。尽管在访谈中10位语文教师都表示喜欢中华传统文化，拥护国家传承和弘扬中华优秀传统文化的政策，也意识到中华优秀传统文化在文言文教学中具有重要价值，但认识是一回事，教学实施又是另一回事。一些老师对中华传统文化的认识多是基于本科阶段的专业学习体会，以及自身工作后的阅读经验。工作后，由于受现有的文言文教学观念和高考模式限制，在中华传统文化知识积累和储备方面不足，因此他们有时候不是不愿意将传统文化渗透到文言文教学中，而是不能讲，甚至怕讲错而不敢讲。

在实践教学中，一些语文老师只是“硬对接”新课标的一些理念，对于文言文教学如何实现“文化传承与理解”，并没有进行过深入研究。还有一些老师在讲解文言文涉及的传统文化知识时，多侧重于自己的偏好，或者基于高考的出题方向。有些老师会讲到文章中涉及的文化知识，有些会涉及文化背景和思想内涵，却很少讲授价值观层面的内容。因此，对大多数高中语文教师而言，如何讲授中华优秀传统文化，以及如何实现其教育价值，多数老师仍然停留在感性层

面，缺乏科学地分析和研究。

当前，新课标、新课本和新高考在全国普遍实施，这对广大语文教师来说既是挑战又是机遇。一是对新课标、新课本和新高考的研究时间极为有限，老教师接受新观念需要较长时间；二是对部分教学经验少、传统文化素养高、接受新事物快的青年教师来说，新课标、新课本和新高考的实施未尝不是一个良机。

## 四、学生学习中华优秀传统文化及文言文困难，动力不足

在对学生的调查问卷分析中，笔者发现学生对文言文和中华优秀传统文化都表现出一定兴趣，但是对文言文及中华优秀传统文化教学的参与度不高，学习效果不佳。文言文学习门槛较高，其中涉及字词、语法、翻译，需要大量阅读和记忆，耗费时间长，往往令学生望而生畏。文言文与现实生活脱节，语言晦涩，平时无法使用；加之内涵深刻，理解困难，造成很多学生“望其门而不得入”。正如本书前文所言，单一的教学方式导致课堂气氛沉闷，也影响学生的参与度，学生学习文言文的积极性自然不高。很多高中生学习方式死板，习惯于死记硬背词语和课文，不善于理解，长此以往造成学习效率下降，思维僵化。

学生对文言文学习缺乏兴趣，习惯于僵化的教学方式，使得文言文课堂也逐渐变得被动。学生参与度的降低对语

文老师的教学热情也产生了消极影响。中华优秀传统文化激发不起学生的学习热情，文言文与中华优秀传统文化的互动性降低，文言文课堂教学效果大打折扣。

## 第三节　中华优秀传统文化融入高中文言文教学困难原因分析

通过对学生调查问卷和教师访谈分析可知，中华优秀传统文化融入文言文教学存在不少问题。主要表现在：传统文化与教学结合不强；文言文教学形式单一，教师无法将传统文化融入文言文教学；教师对传统文化认识不足，知识储备不够；学生学习传统文化及文言文有困难，动力不足。究其原因，主要有以下几个方面。

### 一、文言文教学偏重知识传授，忽视价值渗透

文言文教学任务重，出现“言”“文”分离、重“言”轻“文”的现象，根本原因在于文言文教学过于偏重知识传授，忽视价值渗透。尽管《普通高中语文课程标准（2017 年版 2020 年修订）》要求“发展思辨能力，提升思维品质，培育社会主义核心价值观，培养高尚的审美情趣，积累丰厚的文化底蕴，理解文化多样性”，但是在新课本和新高考中如何落到实处，仍然需要一定的时间去适应和探索。

"引导学生通过阅读中华传统文化经典作品，积累文言阅读经验，培养民族审美趣味，增进对中华优秀传统文化的理解，提升对中华民族文化的认同感、自豪感，增强文化自信，更好地继承和弘扬中华优秀传统文化"是新课标的要求。围绕语文教学的四大核心素养，新课标提出18个任务学习群，其中"中华传统文化经典研习""中华传统文化专题研讨"与传统文化有关，教学提示为"教师依据传统文化学习内容、学生兴趣、学习资源等，推荐相关专题，供学生选择学习。学生也可自主设计，确定学习专题"。按照新课标要求，两大任务学习群应该穿插于整个文言文教学活动中。但是语文课课时有限，教师除了要完成基础知识讲解、引导学生鉴赏文学思想外，几乎没有时间进行系统的传统文化研讨，传统文化教育很难落到实处；加之高中学生课业压力较大，也没有精力自学并阅读与传统文化相关的书籍。

在现实教学中，尽管教育管理部门和学校鼓励促进学生全面发展，鼓励教师进行教学改革，增加文言文教学中传统文化的元素，但是，社会、家庭、家长等功利化的诉求，导致文言文教学偏离了原有教学目标，变成侧重于应试的教育方式。这种死记硬背的学习方式忽视了对传统文化的渗透，不仅对学生的思维和情感造成了不可逆的伤害，也弱化了中华优秀传统文化教学，忽视了在校园里营造中华传统文化的氛围。

## 二、高考对传统文化考察不足，束缚了文言文教学

在当前高考命题规则下，文言文考察重点始终集中于熟悉字词、背诵重点篇章、疏通文义、了解主旨、分析人物形象，这从根本上决定了文言文的教学方式和教学内容。近五年高考语文对文言文知识的考察主要还是“断句”、“概括文章内容并判断对错”、“分析文章中加点字的意思”以及“翻译文章中的句子”等四种题型。从2017年起，北京、江苏、天津、上海、浙江等省市开始拥有高考独立命题权，但对文言文的考察方式并未有大幅度调整，与全国卷的命题形式基本相同。

由此可见，最近几年高考考察重点仍然集中于字词解释、翻译、文义疏通等工具性层面，对传统文化的考察较少，这就导致高中语文老师不重视中华优秀传统文化的融入，仍然将教学重点放在字词积累和背诵上。在这种大环境下，背离高考命题规则而强调中华优秀传统文化无疑给教师带来了巨大压力，由此导致他们在创新教学内容和形式上动力不足。尽管在教学中也有小组讨论、情景教学和主题活动等方式，但只是对课文串讲的“点缀”，因为要实现高考成绩的提升，最终要依赖字词、翻译和文义理解。这种倾向使得传统文化融入文言文教学及其可以实现的审美鉴赏、文化传承价值被弱化，长期下去制约了学生的思维活动、情感发展及对中华优秀传统文化的传承和弘扬。

2022年，山西、河南、陕西、内蒙古、四川、云南、宁夏、青海等8省区普通高校招生考试实行“3+1+2”模式，高考改革在全国广泛展开，高考语文试卷的命题规则必将根据四大核心素养的培养目标进行调整，中华传统文化的地位和作用势必将逐渐提升。

## 三、语文教师对传统文化重视不够，亟须提升文化素养

正如上文笔者对语文教师的访谈记录所示，语文教师总体来说是喜欢文言文和传统文化的，对于国家传承和弘扬中华优秀传统文化的政策也很清楚；但是语文教师在文言文和传统文化方面的素养亦存在不足，对中华优秀传统文化在文言文教学中的地位和作用认识不够。

第一，语文教师角色认知不到位。语文教师应该认识到自己是学习的引导者，教学的目的是培养学生对祖国语言文字的热爱，正确使用语言文字传递信息和表达情感，提升学生的审美鉴赏能力，实现文化的传承，树立正确的价值观。语文教师要调动学生的积极性，引导学生阅读，通过学习传统文化和文言文不断完善自我，提高个人的综合素养。

第二，语文教师传统文化意识淡薄。语文教学要求实现学生“发展思辨能力，提升思维品质，培育社会主义核心价值观，培养高尚的审美情趣，积累丰厚的文化底蕴，理解文化多样性”的目的，中华优秀传统文化教育不可或缺。程红

兵在《好教师就是好教育》一书中指出："文化赋予一切活动以生命与意义，文化的缺失就意味着生命的贬值与枯萎。真正意义上的教育实际上就是一个文化过程，教育一旦失去文化，所剩的只是知识的位移、技能的训练和应试的准备。"[1]因此，作为文化传承者的教师一定要有文化自觉，主动担当起传承中华优秀传统文化的重任。但是很多教师因为教学任务重、教学时间有限等，不重视对学生进行文化拓展和熏陶。

第三，语文教师对文言文中蕴含的中华优秀传统文化挖掘不够。根据访谈记录可知，大部分教师都比较重视中华优秀传统文化，并且了解中华优秀传统文化在引领学生价值观方面的作用，但对传承什么、以什么方式教学缺乏系统的认识。中华优秀传统文化渗透于文言文教学的方方面面，比较零碎，教师需要广泛阅读古代文学作品和典籍，不断积累，将其系统化。只有对传统文化十分了解，深入理解，才能提升教学质量。但是一线教师教学工作任务繁重，要备课、上课、批改作业，还要参加教研、开会等，大量的时间和精力被占用，无法进行相关专业培训和学习。另外，尚有部分语文教师是非师范专业毕业生，传统文化知识储备不足。

第四，语文教师传统教育观念尚未转变。教学是师生之间通过互动形成的一种人才培养方式，学生是教学的主体，

[1]程红兵. 好教师就是好教育[M]. 北京：文化艺术出版社，2010:9.

教师在其中发挥主导作用。但是,传统教学理论认为教师是信息的发布者,以讲授课本为主,学生是信息的接收者,不重视学生对课堂的反馈。王荣生在《教学环节就是组织"学的活动"》一文中指出,教师要把"教的活动"与"学的活动"分开,不要混为一谈。"教的活动"不能简单地取代"学的活动"。产生这一疑问的根源在于,教师一直"以教的活动为基点",总是思考"我要教这些","我要这样教",忽视了"学生需要学什么","学生怎样学才好"。[1]因此,在中华优秀传统文化融入文言文教学中,教师要重视学生的主体地位,了解文言文教学中学生不仅需要掌握字词、翻译和文义,还需要教师在审美、思维和价值观方面的引领。教师要站在学生的视角,加强与学生的沟通,避免"教"与"学"的脱节。

## 四、学生缺乏对传统文化的认同,没有形成良好的学习习惯

从对学生的调查问卷分析可以看出,大多数学生是比较喜欢文言文和中华优秀传统文化的,但是在现实教学活动中,学生的这种喜好并没有转化为学习的动力。事实上,学生对中华优秀传统文化的认识和理解尚停留在感性层面,没有形成良好的学习习惯。

---

[1]王荣生. 教学环节就是组织"学的活动"[J]. 语文学习,2010(1):29-33.

第一，学生缺乏对中华优秀传统文化的认知。当前，在外来文化的冲击下，西方圣诞节、万圣节的地位似乎超越了中国传统节日春节、元宵节和中秋节，很多学生对中华传统节日风俗了解甚少。究其根源，是高中生缺乏对本民族文化的认同，没有文化自信。中华民族五千年的文明史，积累了悠久的历史文化，传统文化精神滋养着一代代中华儿女。高中教师作为文化的传承者、传播者，在文言文教学中对传统文化相关内容讲授不多，很少设置专门环节，合作探究活动也不多，学生在生活中被各种虚构的影视剧、短视频包围，很少有机会接触到中华传统文化，这些都导致学生在这方面的知识匮乏。因此，语文教师要切实承担起中华优秀传统文化传承者、传播者的重任，提升自己的能力，“厚德载物”，引导学生去认识和理解中华优秀传统文化，增强对本民族文化的认同和自信。

第二，文言文学习难度较大，令学生望而生畏。文言文作为古代书面语，词汇意义、句式语法与今天相比差别较大，造成了学生的阅读障碍。现代汉语可以方便地传情达意，而文言文一般却没有使用的机会，这让学生普遍觉得文言文离现实生活比较遥远。事实上，学生对中华优秀传统文化是比较感兴趣的。例如调查问卷主观必答题显示，学生对古人的衣食住行、古代的节日风俗等有很大兴趣，假如教师引导得当，完全可以将传统文化作为文言文学习的“润滑剂”，这有助于提升学生学习文言文的兴趣和效率。

第三，学生没有形成文言文阅读习惯。文言文学习需要积累，需要不断熟悉字词和语法结构，而自由阅读是最好的形式。除了要背诵一些文言文经典篇章，学生还需要积累文言词汇，熟悉语法结构，理解其中的内涵。例如对《论语》《史记》《古文观止》《三国演义》《红楼梦》等中学生必读图书，学生应该泛读，或在老师的指导下精读。通过课堂听讲、背诵和阅读训练，学生读懂浅显的文言文应该是没有问题的。但是，由于高中阶段学习任务重、时间紧，学生急于求成、疏于总结，没有摸索出适合自己的学习方法，从众心理严重，更愿意"一背到底"，而不是静下心来欣赏文言文及中华优秀传统文化中的美，实现传统文化的育人功能，这种现象亟待改变。

# 第四章　中华优秀传统文化融入高中文言文教学提升策略

## 第一节　教师教法提升策略

对语文教师而言，要想让中华优秀传统文化深度融合到文言文教学中，就要在实现文言文工具性的前提下，重视文言文的人文性。教师要坚持以学生为主体，深化教学改革，探索适合传统文化教育的教学模式，并提高自己的传统文化素养。

### 一、理顺“言”“文”关系，重视中华优秀传统文化的精神内涵

工具性与人文性的统一是语文课程的基本特点。在语文教学中有两种观点：一种观点认为高中生基础薄弱，文言文教学应该以“言”为主，要加强词汇、语法、句式和翻译的训练；另一种观点认为“文”才是文言文教学的价值所在，要提升学生的综合素养。两种观点都失之偏颇。如果只灌输字

词知识,会使课堂枯燥、无趣,偏离教学的根本目的;如果只讲授文章的内涵和文化精神等,也会使教学脱离文本,空洞而没有依托。事实上,语文教师要实现文言文教学与中华优秀传统文化的深度融合,必须改变高考模式下的传统文言文教学理念,避免重“文”轻“言”,或重“言”轻“文”。语文教师要以课堂为阵地,妥善处理好二者之间的关系,在讲授字词、语法等基础知识时,也要让学生感受到文言文的文化价值、审美价值,进而对学生的人格、情感、意志、品格等养成产生积极的影响。教师应该将“言”作为“文”的基础、“文”作为“言”的提升,使二者相辅相成,相互促进。

### (一)“言”是“文”的基础

吕叔湘先生曾经说过:“如果撇开语言文字进行语文教学,这是一种半身不遂的语文教学。”[1]由此可见,文言文中的中华传统文化并非凭空产生,而是蕴含在文言文字词与文义之中的。在文言文教学中,教师要将传统文化与字词、语法、翻译等环节紧密相联,而不是截然分开。很多语文教师抱怨自己连课文串讲都无法完成,哪有时间进行传统文化的融入。这种观念的一个误区是将“文”“言”断然分开,认为二者是独立的教学过程。事实上,教师应该尽最大努力实现二者的融合。

[1]曾雄锋,郑俊盛.小学语文教学研究与实践[M].天津:天津教育出版社,2009:3.

教师要明白，只有解决了文言文中的字词、语法和文义等问题，学生才能深入理解文言文中的中华传统文化，否则脱离基本的文言文语言基础，追求中华传统文化教育就成了无本之木。苏轼的《赤壁赋》通过泛舟赤壁江边，记述主客谈话，从而引出吊古伤今之感，表达了作者矢志不渝的情怀。文中第一句“壬戌”涉及古代历法知识干支纪年。古人用十天干和十二地支组成“六十甲子”用来纪年，除此之外还有年号纪年等。“既望”是“望”后之日，“望”是十五日，“既望”一般就指十六日。人们常说“十五的月亮十六圆”，“既望”之日最适合赏月。“斗牛”涉及古代天文学知识，指的是二十八星宿中的斗宿和牛宿，反映了苏轼与客人谈话时月亮行走的路线。这些都是传统文化知识，说明苏轼的《赤壁赋》描写的是月圆之夜的赤壁江边风景，“明月”始终是该文的重要意象；而时间与空间的辩证关系所产生的主观感受是“吊古伤今”的重要依据，若学生不了解这一点就无法了解文章的思想内涵。此外，教师要对中华优秀传统文化保持敏感度，要善于发现“文”“言”之间的密切关系，将二者融为一体。例如可从字词入手理解传统文化，弘扬当代价值观念。在孟子的《寡人之于国也》一文中，涉及一个“罟”字，如果将其简单解释为“捕鱼的网”也可以，剩下就靠学生记忆了。但是对于这个“罟”字的解释并不应该到此为止。“罟”是一个形声字，上面的“罒”就是“网”，下面的“古”是它的声旁。“网”本身就有网开一面的内涵，这与文中的“数罟不入洿池，鱼鳖不可胜食也”的思维是一致的，表明古人具有保护自然生态的可持续发展理念。

由此可见，如果脱离语言文字，孤立地讲授中华优秀传统文化是不可取的，这也背离了语文教学的初衷。从“言”入“文”并非遥不可及，二者也并非独立的教学单元。“言”可以作为“文”的基础，从文言词汇入手去理解中华传统文化的精神，是一种很好的尝试。

**（二）“文”是“言”的提升**

在文言文教学中，很多语文教师都有严重的“言”“文”对立思维，认为在高考命题思维重视“言”、轻视“文”的现状下，将中华优秀传统文化融入文言文教学是不现实的。语文教师花了太多时间和精力讲解文言文字词、语法、翻译和文义等，留给“中华传统文化经典研习”“中华传统文化专题研讨”的时间几乎没有。学生对这种枯燥乏味的文言文教学方式缺乏兴趣，也丧失了学习文言文的主动意识。语文教师处于新课标与旧高考之间，顾“言”顾不了“文”，顾“文”顾不了“言”，进退失据，顾此失彼，耗费了大量时间、精力，但文言文教学效果却并不理想。

事实上，“言”是“文”的基础和前提，而“文”也是“言”的提升，二者同样是不可割裂的。例如在列子的《愚公移山》一文中，愚公想要搬走门前阻碍自己出行的太行、王屋二山，智叟笑着阻止愚公，认为愚公年事已高，这是不可能办到的事。智叟基于现实，认为人力开山难度太大，何不将家搬离大山。“公”是古代对男子的尊称，“叟”则是对老年男子的统称，“愚公”虽“愚”却为“公”，“智叟”虽“智”却为“叟”，表明了作者对二人的态度：“愚公”的“愚”并非真愚，“智叟”的“智”却为假智。愚公虽然年迈，但认为自己子孙无穷，太行、王屋终归可以搬走，反映了其乐观向上、坚持不懈的恒心与决心。愚公苦于“惩山北之塞，出入之迂也”，为了“指通豫南，达于汉阴”而移山，是为子孙造福，具有长远眼光，无私无畏，不但不“愚”，还具有大智慧，值得尊敬。智叟眼光短浅，没有发展的眼光，所谓的“智”也只是小聪明而已。[1]

可见，文言文字词与中华优秀传统文化也是可以相通的，二者并非孤立、冲突的。在文言文教学中，如果只讲授字词意义等语言文字知识，而不涉及传统文化，课堂就会缺乏深度，文言文就会变成枯燥乏味的“死知识”，没有灵性和活力，无法帮助学生全面发展。正如王荣生所言，文言本身就是中国传统文化的体现。民族的语言即民族的精神，民族的精神即民族的语言。[2] 因此，文言文教学一定要兼顾“言”“文”，将中华优秀传统文化切实融入文言文教学，实现文言文教学工具性和人文性的统一。

---

[1]钱梦龙．钱梦龙经典课例品读[M]．上海：华东师范大学出版社，2015：216–239.

[2]王荣生．文言文教学教什么[M]．上海：华东师范大学出版社，2014：5.

## 二、保障学生主体地位，推进教学改革

传统文言文教学形式单一，多以串讲或讲授法等“灌输”为主，导致课堂枯燥、乏味，学生被动听讲，学习主动性不强，无法发挥学生的主体作用。面对这种情况，语文教师要以学生为主体，遵从语文学科的四大核心素养要求，大胆进行教学改革。

### （一）明确传统文化主题，组织专题研讨

语文新课标确立了 18 个学习任务群，与中华传统文化密切相关的学习任务群 8——“中华传统文化经典研习”明示：“本任务群旨在引导学生通过阅读中华传统文化经典作品，积累文言阅读经验，培养民族审美趣味，增进对中华优秀传统文化的理解，提升对中华民族文化的认同感、自豪感，增强文化自信，更好地继承和弘扬中华优秀传统文化。”目标在于通过“梳理所学作品中常见的文言实词、虚词、特殊句式和文化常识，注意古今语言的异同”。但是字词、语法、句式和文义并非该主题研讨的内容，而是要上升到文化层面，确立研讨的主题，因此需要“多角度、多层面地组织主题学习单元，引导学生合理运用精读、略读的方式，由点到面地体会中华传统文化的精深和丰富，初步认识所读作品在中国文化史上的贡献”。该学习任务以中华传统经典作品为基础。例如可以设立“《论语》专题学习”，选取《论语》中《子路、曾皙、冉有、公西华侍坐》等相关篇章，组织学生阅读

《论语·先进》篇，先解决涉及的字词、语法和文义问题等，然后理解“过犹不及”的中庸思想、学习与仕进之间的辩证关系，以及孔子对待鬼神和生死问题的态度，最后结合学生的日常生活，分析这些观念的现实意义，探讨这些思想对师生的有益启示。

学习任务群14“中华传统文化专题研讨”以“中华传统文化经典研习”为基础，“选择中华优秀传统文化的内容组成专题进行深入研讨，旨在加深对传统文化的认识和理解，增强传承、弘扬中华优秀传统文化的自信心、责任感”；或“选读体现传统文化思想精华的代表作品，参阅相关的研究论著，确定专题，进行研讨。加强理性思考，增进对中华文化核心思想理念和中华人文精神的认识和理解，体会中华文化创造性转化和创新性发展的趋势”。“尝试阅读未加标点的文言文。阅读古代典籍，注意精选版本。”“引导学生在独立完成相关专题研习的基础上，从研究的资料、过程、方法、收获等多个角度展示研究成果，并且围绕学习中的若干问题，组织交流讨论、合作探究等活动，要求学生尝试把自己的探究发现用论文形式呈现出来。”

可以设立“司马迁的‘人生观’学习专题”，结合已经学过的司马迁《鸿门宴》一文，让学生阅读出自《汉书·司马迁传》中的《报任安书》一文。先让学生有感情地诵读文中的关键性段落，师生一起研读解决字词、语法问题，再逐段分析大意，品味文章的语言风格，体会作者的思想感情。在了解文本的基础上，分析司马迁在遭受宫刑的情况下，在生死面前如何抉择，为撰写“无韵之离骚，史家之绝唱”——《史记》而不得不含垢忍辱、苟且偷生的痛苦心情；让学生感受司马迁“究天人之际，通古今之变，成一家之言”的史学理想，以及支撑其完成《史记》的伟大人格和坚强意志。由此激发学生产生怜悯、同情、仰慕和感动等情感，以启迪人生。

需要指出的是，教师在组织上述两大专题——“中华传统文化专题研讨”和“中华传统文化经典研习”时，一定要考虑到课时限制和学生的接受能力，选题应尽量小一点，这样可以达成目标，操作性较强。

**（二）利用线上教学实现“翻转”课堂**

自 2020 年起一段时间以来，受疫情影响，中小学全面实行“停课不停学”政策。教师在线上直播授课，学生在家里线上学习，昔日热闹的教室变成了钉钉、腾讯会议、有道等教学软件平台。线上教学保障了教学的延续，是在特殊情况下采取的一种特殊的教学辅助手段。对老师来说，线上教学既是一种机遇，为教师提供了更多直观性的教学手段和技术，同时也是一种挑战，师生互动发生障碍，学生行为难以把控，教学管理遇到困难等。

在线上教学情形下，教学和学习环境发生了根本性转变，学情也有了变化。如果以传统讲授法进行教学，课堂难免枯燥乏味，让学生游离于教学之外。因此，要充分利用网课时间充足、网络设备便捷的优势，调动学生学习的积极性。可以将学生分成若干小组进行领读示范，评选优秀者；或查找资料，找寻相关史实、论文等；或整理词汇、语法和句式等，做成 PPT；或制作视频等，参与剪辑。在课外，学生将消化相关知识，最后在线上课堂，教师就学生提出的问题进行解答，师生共同就其中涉及的中华优秀传统文化知识拓展研讨，用古人的精神品质感染学生，提升教学效果。

"翻转"课堂的教学模式调整了课上、课下时间，学习的主动权交给了学生，教室不再是老师一个人的"自说自话"。老师只是教学的组织者，学生作为主体要主动参与课堂。一般流程是：教师不再占用课堂时间来讲授知识，而是让学生在课前或课后观看其制作的学习视频，自主学习。课堂变成了老师和学生之间、学生和学生之间答疑解惑、合作探究、讨论研读、完成作业等的场所，从而提升了教学效果。"翻转"课堂可以节约宝贵的课堂时间，不再由教师一人带动课堂节奏，而是让学生有更多的时间去探讨、解决问题。在"翻转"课堂之外，学生也有更多的时间去阅读、探索和试错，由过去的被动学习变为主动学习。这种教学模式调动了学生学习的积极性，培养了学生的自主学习能力。学生可以自己发现问题，与教师一起解决问题，从而获得更深层次的理解。例如学习《论语》中的《子路、曾皙、冉有、公西华侍坐》一课，教师可以通过教学平台录好"微课"，让学生课下观看视频，回答老师提出的问题，随后在课堂上师生共同研讨学习，教师答疑解惑；或者可以让学生来一场角色扮演，重现孔子与子路、曾皙、冉有、公西华的对话场景，生动再现孔子与弟子的“言志”情形，体会子路的轻率急躁、冉有的谦逊、公西华的委婉曲致、曾皙的高雅宁静等性格特点。另外，可安排同学以“画外音”的方式分析作品的时代背景和思想内涵等。如果有时间的话，还可以组织学生谈谈理想，交流和理解孔子“有教无类”“因材施教”及仁爱、礼制的思想，也可结合当前我们国家经济、科技发展现状，引导学生树立正确的人生观和价值观。

**（三）利用多媒体教学设备提升教学效果**

目前，高中课堂一般都配备了先进的多媒体教学设备，教师可以让学生从视觉、听觉多方面感受文言文的语言美和思想美。多媒体教学可以把单调的“一言堂”灌输变得更有趣味性，尤其是在讲授《陈情表》《项脊轩志》这类感情色彩较浓的文言文时，可以播放一些舒缓的民乐作为背景音乐烘托朗诵的氛围，让学生体会作者的情感。教师讲授《登泰山记》《石钟山记》时，可以播放有关泰山、石钟山的相关风景视频，让学生感受文言文的魅力，增强对祖国壮美山河的热爱之情。

随着现代教育技术的发展以及数字处理技术的提升，教师可以剪辑、制作与文言文和中华优秀传统文化相关的动画视频。依托上述技术，语文教师可以增加中华优秀传统文化方面的内容，优化中华优秀传统文化融入课堂的形式，丰富文言文教学的趣味性，提升学生的学习兴趣。以杜牧

《阿房宫赋》课前导入为例，教师可以通过展示阿房宫的复原图和播放相关视频，再配上适合的民乐，创设情景导入课堂教学。在雄伟的阿房宫的衬托下，貌似强大的秦国二世而亡，让人不禁感叹历史总是在不断地重现和循环。安史之乱使得强大的唐王朝由盛转衰，生于这个时代的杜牧似乎看到了另一个秦王朝的“落日余晖”，可他空有一腔忧国忧民、匡时济俗的情怀却无力改变现状。这样的设计可以让学生感受到《阿房宫赋》的主旨，以及中华优秀传统文化的魅力。

当然，在互联网技术高度发达的今天，也可以将课堂与一些博物馆、景区资源结合起来。如让学生徜徉于孔庙、泰山景区文化中，领略《论语》的魅力，亲身体验姚鼐写作《登泰山记》的心情。这都是中华优秀传统文化融入文言文教学的有益尝试。因此，在文言文教学中，我们可以利用多媒体和互联网技术，让学生体会中华优秀传统文化。在阅读文字之余，或游览名山大川，或与古人促膝长谈，体验仁人志士的忠孝节义和家国情怀。

## 三、教师要更新教学理念，提高传统文化素养

高中语文教师要重视新课标的指导意义，提升对文言文教学中中华优秀传统文化重要性的认识。同时，要加强专业学习，提升中华传统文化综合素养，并将传统文化融入现代生活语境之中。

### (一)领悟新课标,重视传统文化在教学中的地位

尽管在访谈中广大语文教师还是比较重视中华优秀传统文化的，但笔者也意识到他们对中华优秀传统文化在文言文教学中的地位认识可能仅停留于意识层面，并没有落实在现实教学中。由于高考升学压力和语文课时有限等一系列主客观因素影响，语文教师并没有在中华优秀传统文化教学上分配必要的时间和精力，反映出理念与现实之间存在差距。

《普通高中语文课程标准(2017 年版 2020 年修订)》以“坚持立德树人,增强文化自信,充分发挥语文课程的育人功能”为基本理念,认为“语文课程对继承和弘扬中华优秀传统文化……具有不可替代的优势”。在语文四大核心素养之一的“文化传承与理解”方面,中华优秀传统文化是不可或缺的关键内容。课程目标也明确规定:“通过学习运用祖国语言文字,体会中华文化的博大精深、源远流长,体会中华文化的核心思想理念和人文精神,增强文化自信,理解、认同、热爱中华文化,继承、弘扬中华优秀传统文化和革命文化。”新课标还要求中华优秀传统文化等方面的内容要始终贯穿必修、选择性必修和选修课本。新课标还指出:“教材编写要高度重视继承和弘扬中华优秀传统文化……体现对文化多样性的理解和尊重,有助于学生增强民族自尊心、爱国感情和文化自信,形成正确的世界观、人生观和价值观。”中华传统文化在新课标中的体现和强化，使得语文教学尤

其是文言文教学要更加重视中华优秀传统文化的渗透和融入。

在新课标指导下，语文教师要重视中华优秀传统文化教育。一是要在“量”和“质”上保证完成新课标要求的与中华传统文化相关的学习任务群；二是将中华传统文化切实渗透到文言文教学中，既要涉及知识文化，更要有价值文化，真正做到文言文教学兼顾人文性。尽管文言文的书写形式，包括词汇内涵、语法结构和表述形式与现代汉语有着巨大差异，但其弘扬的仁爱、乐观、坚韧、爱国等优秀精神品质与今天的主流价值观仍有着高度的一致性，这也是当前我们传承和弘扬中华优秀传统文化的主要动力。

当然，中华优秀传统文化融入文言文教学，既需要教师提升自觉性和积极性，发挥主观能动性，改进教学理念和教学方法，也需要教育主管部门在教学实施标准、教学实施细则和教学评价方面给予支持和监督，给语文教师施加适当压力，如此才能将传承和弘扬中华优秀传统文化切实落实到具体的教学实践中，增强学生的文化认同和文化自信。

### （二）加强传统文化学习，提升专业综合能力和素养

在笔者对语文教师的访谈中，教师们普遍表示应该重视文言文教学和提升学生的传统文化素养。但是在现实层面，对学生传统文化素养的培养明显不足，并且伴随着新课标的实施，对语文教师的文言文教学提出了更高要求。例如，新课标在“教学与评价建议”部分中指出：“教师要具有

专业发展意识，努力建构教学共同体；应努力适应、积极参与语文课程改革，持续学习，更新观念，改进实践，提升教学水平。”在“地方和学校实施本课程的建议”部分，强调要“高度重视语文教师的专业发展，要有计划、有针对性地组织好教师的专业学习和课程研究活动，要注意帮助语文教师更新专业知识，提高专业技能，引导教师研究学生的语文学习规律，了解语言、文学、文化研究的前沿成果，在语文课程实践和研究中提升自身的专业素养”。因此，语文教师在传统文化学习强度上需要大力加强，提升专业综合能力和素养。

高中文言文包含大量的传统文化知识，需要教师博览群书，树立“活到老学到老”的终身学习理念，真正做到“上知天文，下知地理”，具有良好的知识储备。语文教师不仅要对古代历史、地理、制度、习俗等知识有系统了解，还要对诸子百家、宋明理学和佛道思想等有深入理解，这样才能提升对文言文的理解能力，在教学中做到游刃有余。例如语文教师在讲授《人皆有不忍人之心》《庖丁解牛》等文言文时，如果不能对儒家的“仁政”思想和道家“养生处世”等中国哲学史的相关内容有深入理解，就无法帮助学生领悟其中高深的中华传统文化精神。再如教师在讲授《登泰山记》《石钟山记》时，应该对这些风景名胜地的历史地理情况有比较深入的了解，最好可以实地考察和研究一番，掌握第一手的图文、影像资料，这样才能将课文内容讲“活”。

语文教师要提升文言文和传统文化素养，需要保持“学不可以已”的精神，要坚持不懈学习，不断提升自己。首先，要重新系统地学习《古代汉语》。尽管大多数教师都是汉语言文学科班出身，都曾经系统学习过《古代汉语》，但是经过多年的语文教学，重新系统学习并非简单的重复，而是一次理解的深化，会有更多的收获。《古代汉语》课本可以选用王力版或郭锡良版的，学习内容包括历代文选，其中《过秦论》《谏逐客书》《赤壁赋》等文章也已被选入高中语文课本。古汉语知识包括文字、词汇、语法、训诂、古代汉语通论，古代文化常识包括礼仪、地理、历法、科举、职官等，上述内容与高中教师的教学内容是对应的。另外，还可以参考王力的《中国古代文化常识》，该书包括天文、历法、乐律、地理、职官、科举、姓名、礼俗、宗法、宫室、车马、饮食、衣饰、什物等14个部分，呈现出一幅更有趣味性的中国古代文化生活图景，可以作为《古代汉语》课本的补充。

其次，语文教师还要阅读一些与中华传统文化相关的经典作品，如《四书章句集注》《诗经今译》《左传译注》《周易本义》《道德经》《庄子今注今译》等反映、阐释儒家、道家思想的代表性作品，还有“四大名著”“三言二拍”等古白话小说，以及唐代传奇小说和清代《聊斋志异》等文言小说。另外，也要关注今人创作的一些有关传统文化的代表性作品，如冯友兰的《中国哲学史》、张岂之的《中国思想史》、沈从文的《中国古代服饰研究》、梁漱溟的《中国文化要义》、余世存的《时间之书》、孙机的《中国古代物质文化》、许嘉璐的《中国古代衣食住行》等，不断积累传统文化知识。

读书是一种人生态度，语文教师教导学生读书，自己先要多读书、读好书。古人曾言："三日不读书，便觉语言无味，面目可憎。"如果语文教师"三日不读书"，如何和学生谈论读书。知识需要不断学习，如此实践才能具有生命力。学习中国传统文化亦是如此。教师要做到教学相长，在将中华优秀传统文化融入文言文教学的同时，自身素养也将得到提升。

教育部门和学校也要为语文教师综合素养提升提供专业培训机会，让老师了解新课标、新教材和新高考的相关改革动态，以及新课标确定的中华传统文化在语文教学中的地位，从而提升语文教学中文言文教学的理论素养。教育部门和学校也可以组织高校专家学者为高中语文教师提供中华传统文化方面的专业讲座，从而提升语文教师的中华传统文化素养和教学能力。事实上，只有语文教师的传统文化素养和教学技能提升了，才能真正将中华优秀传统文化渗透到文言文教学中。

**（三）古为今用，将中华优秀传统文化融入现代语境**

2021年党的十九届六中全会通过的《中共中央关于党的百年奋斗重大成就和历史经验的决议》强调，要推动中华优秀传统文化创造性转化、创新性发展。中华传统文化是农耕时代的社会意识，是古人留给我们的一座"富矿"，需要重新挖掘和提炼。对于中华传统文化，既不能墨守文化虚无主义，视而不见，暴殄天物，也不能奉行文化复古主义，原封不动地接收。要利用辩证唯物主义和历史唯物主义观点予以“扬弃”,古为今用,实现中华传统文化的创造性转化和创新性发展,以适应时代发展的要求。

中华传统文化是中华民族最深沉的精神追求和文化软实力,是中华民族生生不息、发展壮大的力量,因此要继承和弘扬中华优秀传统文化,不断赋予其崭新的时代内涵。例如,孔子提出“君子和而不同,小人同而不和”的思想。2017年习近平总书记在党的十九大报告中提出，坚持和平发展道路,推动构建人类命运共同体。这正是“和而不同”思想的当代价值表现。《孟子》提出施行“仁政”:“乐民之乐者,民亦乐其乐;忧民之忧者,民亦忧其忧。”这是民本思想的珍贵体现。党的十九大报告四次提到“以人民为中心”,并将“坚持以人民为中心”确立为中国特色社会主义的一个基本方略。

语文教师必须要用批判和发展的眼光来看待中华传统文化，不能原封不动地将其传授给学生，而是要自己先消化、吸收,纳入自己的教学体系,保证中华优秀传统文化教育与践行社会主义核心价值观相统一。一方面,语文教师要挖掘和阐释中华优秀传统文化,将文言文中有关讲仁爱、重民本、守诚信、崇正义、尚和合、求大同等积极正面的价值理念讲深讲透;另一方面,语文教师要将文言文中的传统文化精神财富,如为人之道、立身之本、道德精神、君子人格等,与社会主义核心价值观有效对接,组织学生进行研讨,引导学生用中华优秀传统文化解决现实生活中的问题，最后用学生可以理解的方式予以阐释和总结，从而真正实现传承和弘扬中华优秀传统文化。

总之，高中语文教师必须用发展的眼光看待中华传统文化，深入挖掘中华优秀传统文化的价值追求，并将其转化为与社会主义核心价值观相符、学生听得懂的语言形式，从而实现中华优秀传统文化的传承与发展。

## 第二节 学生学法提升策略

学生是学习的主体，一切教学活动都要围绕学生展开。教学要遵循基本的规律，符合学生的身心发展，贴近学生的日常生活，促进学生的全面发展。正如陶行知所言："教什么和怎么教，绝不是凭空可以规定的，他们都包含'人'的问题，人不同，则教的东西、教的方法、教的分量、教的次序都跟着不同了。"[1]当前，信息化时代成长起来的学生具有一定的独特性，需要因材施教。从前文对中华优秀传统文化融入文言文教学现状分析可知，当前存在忽视文化传承、不重视学生主体地位等问题。因此，笔者建议在文言文教学中以学生为主体，"文""言"结合，实行导学案教学形式——以文本

[1]赵永攀. 文本解读：语文教师的第一项修炼[M]. 长春：吉林大学出版社，2017：172.

为基础，聚焦传统文化的阅读和写作；课内课外相结合，营造学习传统文化的氛围。

## 一、导学案教学：以学生为本，“文”“言”结合

导学案教学是在我国基础教育改革背景下，为消除传统课堂“教师讲，学生听”的弊端而采用的一种教学形式。这种教学形式的优势在于可以凸显学生在课堂上的主体地位，培养学生的自主学习能力，引导学生对文言文所涉中华优秀传统文化进行思考和探究。

教案是教师为有效教学，根据课程标准、教学大纲、教科书及学情而提前设计的关于教学内容、教学步骤、教学方法的实用性文案。教案多倾向于从教师的视角来规划教学活动，学情分析一般只是教案分析的一部分，很难体现学生的主体地位。有些教案的设计非常烦琐，反映的都是教师一言一行的计划，就像余文森在《论教学中的预设与生成》中说的那样，有些教案“就连课堂上要说些什么话，先说什么，后说什么，有几个环节，每个环节多少时间，每个问题叫几个学生起来回答等，都要精细地安排”[1]。因此，这样的教案只能反映教师的“教”，无法反映学生的“学”。

事实上，学生才是课堂教学的出发点和归宿。教学目标的设立是为了学生知识、能力和情感价值观的培养与形成，

[1]余文森. 论教学中的预设与生成[J]. 课程·教材·教法，2007(5)：17.

因此教案不能只简单地反映教师想教什么或者喜欢教什么，其设计应该充分考虑到学生的实际情况。正是在这种诉求下，一些学校和教师倡导学案教学。学案就是教师为学生每节课的学习设计的有学习目标、学习流程、学习内容的课堂学习活动方案，是教师站在学生角度，对课本做二次加工编写的学习活动程序、学习内容具体化的学生自主学习文本[1]。学案一定程度上强调了学生的主体地位，但是也淡化了教师和课本在教学中的引导作用。为了弥补这一不足，又出现了导学案。导学案是为了指导学生主动学习而编制，包括学习目标、学习内容、学习流程，指引学生自主高效学习的路线图，用于引导学生自主学习、主动参与、合作探究、优化发展，具有“导读、导思、导做”的多重功能。

教案、学案和导学案是侧重于不同教学元素的三种教学设计形式。教案重点解决“教什么、怎么教”，学案试图解决“学什么、怎么学”，导学案吸收了二者的长处，强调“先学后导，以学定教”。当然，需要指出的是，教案、学案和导学案并非“有我没你”的关系，只是角度和侧重点不同而已，三者是可以同时存在的。[2]

导学案一定程度上可以解决学生主体地位体现不充分

---

[1]付海燕. 关于学案教学的一点思考[J]. 山西师范大学学报(社会科学版)，2009(增刊 1)：170.

[2]胡少云，姜建伟. 学案代替不了教案[J]. 当代教育科学. 2007(增刊 2)：105–106.

的问题，设计时可以考虑融入中华优秀传统文化的内容和教学活动。导学案一般分为课前、课中和课后三个环节。

### (一)课前预学阶段

该阶段需要由学生独立完成，对学生的自学能力要求较高。教师需要对学情有基本的了解，因为如果只从自己的角度设计预学内容，就很难和学生产生共鸣。学生无法完成任务，教学目标也就很难实现。教师需要提前布置具体、明确的学习任务，难易程度最好可以适合大多数同学。学生完成预学后，教师需要分析在预学中学生掌握了哪些知识，存在哪些不足，还有哪些地方需要提升，这样教师在备课时就可以准确把握该教学单元的重点、难点以及教学目标。在此基础上，教师在课堂上就要调动学生的思维，让学生带着问题去学习，并灵活处理教学中遇到的各种情况。该阶段是导学案实施的前提和基础，关系导学案能否顺利实施，也是培养学生自主学习能力、信息搜集能力和提出问题能力的重要方式。

以《赤壁赋》一课为例，预学任务如下：了解文体“赋”的基本特点，利用网络了解苏轼的生平及《赤壁赋》的写作背景，做到“知人论世”；掌握文言词汇“固、徐、卒、于”等实词与虚词的用法，以及文中的特殊句式；利用字典、注释和导学案提示，理解全文，标记不理解的地方，尝试翻译课文；了解“壬戌”“既望”“斗牛”等天文历法、文化常识；了解全文大意之后，尝试总结文章的思想和写作特点。

教师在学生预学后,了解学生掌握的情况,有针对性地答疑解惑,详略得当地处理文章涉及的知识,尤其是字词、语法、句式和翻译等。针对一些普遍性的问题,教师可以集中解决,找准教学的重点和难点。这样操作可以节省大量时间,而节省的时间,教师可以将中华传统文化融入教学之中,从而提升课堂教学的有效性。

**(二)课堂导学环节**

该环节是导学案的关键和核心部分,目的在于提升学生的思维、协作和学习能力。该环节在课堂教学中实施,由学生活动组成,结合了学生自学、小组合作、班级互助互学等,合作探究是其主要形式。这是根据高中生的身心发展规律和语文学科的特点设置的,目的是激发学生的好奇心和求知欲,培养学生的问题意识,引导学生发现问题、分析问题和解决问题,从而保证教学的有效性。

该环节可以分为以下四个步骤:一是小组合作,自主梳理文章,标注不明白之处;二是组内交流老师所布置的问题,讨论并解答疑问;三是小组演示,展示讨论成果,提升能力;四是老师根据小组回答情况,归纳总结,予以升华,真正将中华优秀传统文化融入文言文教学之中。其中,第二步以题目为中心的课堂讨论是核心,可以设置与中华优秀传统文化相关的开放性主题,让师生、生生之间互相启发,找到互动的焦点,从而升华主题。教师要根据预学环节出现的问题,定位教学重点和难点,融入传统文化内容,发挥督促、协调、指导作用,让学生充分参与到学习讨论之中,发挥学生的学习主体作用。

以《苏武传》为例,可以设置如下研讨主题:匈奴对苏武进行了几次招降?苏武是怎样应对的?反映了苏武怎样的精神气质?该主题研讨的目的是让学生感受苏武的人格魅力,体悟苏武的爱国主义精神。在讨论中,一些同学可能认为卫律劝降苏武,遭到苏武怒斥喝退,似乎有点儿不近人情;李陵劝降似乎有点儿道理,苏武拒绝未免迂腐。针对这一疑惑,教师可以设计研讨环节,探讨苏武在匈奴十九年,历尽艰辛磨难,矢志不渝,坚守民族气节,是否值得?在教师的引导下,让学生体会卫律劝降时的软硬兼施、威逼利诱是很有策略的,最后试图用暴力逼迫苏武就范,因此苏武必须强硬回击,否则就受到压制,难以摆脱纠缠。昔日好友、同仁李陵与其把酒叙旧,晓之以理,动之以情。李陵先说汉武帝残暴,自己已经家破人亡,又说苏武也是妻离子散,即使回归大汉也难保平安,不如苟且留在匈奴,何必苦苦挣扎。劝降的话表面也有点儿道理,反映了李陵投降匈奴的复杂心态,但无法掩饰其自私心理。李陵这种弃国家、民族利益于不顾的行为,是非常令人不齿的。苏武则针锋相对,对话波澜起伏。苏武一心为大汉着想,贫贱不移,威武不屈,表现了无私坦荡的爱国之心。事实上,家国一体,没有国哪有家,怎么可以为了一家之利背弃国家和民族。李陵和苏武,一人苟且依附匈奴,一人正气凛然忠于大汉,形成了鲜明的对照。

该研讨将中华优秀传统文化融入文言文教学之中，坚持“立德树人”原则，弘扬了民族气节和爱国主义精神，有利于培养高中生的社会主义核心价值观。

需要注意的是，讨论的主题并非随意设置，而是结合中华传统文化中的有益部分，选择价值较高，可以让学生思维获得提升和锻炼的问题来讨论。讨论过程中教师应积极引导，不能让学生偏离主题，这样才能提升研讨的有效性，实现导学的目的。

**（三）课后巩固环节**

课后巩固环节是导学案实施的最终环节，要布置相应的巩固练习作业，鼓励学生进行总结、反思，这是提升学生学习迁移和文言文学习能力的关键。课后作业要精心设计。完成课堂教学后，教师要结合学生在课堂研讨中出现的问题，以及他们对本节课的掌握情况，巩固学过的知识，同时也注意中华优秀传统文化的渗透和融入。学生也要对本节课的学习进行反思和总结。教师要利用学生的反思和总结，了解学生对文言文知识和中华优秀传统文化的掌握情况，明确学生的不足，及时准确地给予有针对性的指导，从而真正提升学生的自学能力。另外，由于部分学生具有一定惰性，且自我规划能力差，因此教师要好好督促，从而让课后巩固环节落到实处。

仍以课前预学阶段提到的苏轼《赤壁赋》为例，教师在布置课后作业时，可以顺势拓展学习苏轼的《后赤壁赋》。教师在布置作业时,要给学生一定的提示和指导,让学生对比两篇文章的写作背景和内容, 比较作者两次游览赤壁的背景,文章的写作手法、表达主旨、情感和境界异同,让学生谈一下自己的收获。最后老师要进行总结,通过比较让学生清楚,前后《赤壁赋》都是采用主客问答的方式来展开,叙述和写景交融,都咏古寄情,表达了作者旷达超脱的情怀。但是后文作于前文三个月后,随着苏轼在黄州时日渐长,政治上日益压抑,心情更加苦闷,因此较前文更加消极、隐晦。

在导学案教学中,经过课前预学、课堂导学和课后巩固三个阶段,学生在教学中的主体地位得到体现,并且教师将中华优秀传统文化融入文言文教学过程, 教学效果得到明显提升。但是对教师来说,导学案教学工作量较大,建议与其他教学方式交替进行,提高对比性和有效性。

## 二、立足文本,强化基于传统文化的诵读和写作训练

中华优秀传统文化融入文言文教学,学生要立足文本,基于传统文化价值加强诵读和写作训练。

### (一)诵读文本,体悟文言文中的传统文化精髓

阅读是通过视觉接收文字、图表、公式等信息,大脑进行吸收、加工,以理解符号所代表信息和意义的过程,是学习语言和获取信息的重要方式。张隆华在《语文教育学》一文中说:“阅读从认知文字符号开始, 经过大脑的分析综合

活动，领会课文的意义，体会课文的感情。”[1] 朱绍禹在《中学语文教育概说》中也提到：“阅读文章是透过书面语言，领会其意义，从中获取思想和学习语言的活动程序。”[2]

诵读是将文字符号转化为语言，通过语音、语气、语调和节奏等表现文字信息，并经大脑处理的过程。由此可见，阅读和诵读虽然都是在“读”，但是二者是有一定差别的。文言文是在先秦口语基础上形成的，保留了大量语气词，结构工整，多使用排比、对仗等方式，尤其是“赋”等文体，节奏感强，朗朗上口，因此诵读也是学习文言文的重要方式，应该受到重视。[3] 古人通过诵读将“四书五经”内化于心。诵读有利于学生语感的培养，涉及语音、语义和句式等，是一种潜移默化的训练方式。诵读也可以加深学生对文章内涵的理解，即所谓“读书百遍，其义自见”。诵读也是领悟中华传统文化的重要方式。诵读经典文言文，领悟中华优秀传统文化的价值，可陶冶性情，塑造健全的人格。

诵读要求声音洪亮，疾徐有致，还要眼到、口到、耳到、心到，全身心地投入其中，体会文言文的节奏感，品味文言文作品的情趣和神韵。文言文诵读不受学生欢迎，是因为学生没有走进文本，没有感受到文言文和中华优秀传统文化

---

[1]金振邦. 文章解读论[M]. 长春：东北师范大学出版社，2005:4.

[2]朱绍禹. 中学语文教育概说[M]. 呼和浩特：内蒙古人民出版社，1983:59.

[3]张必锟. 学文言非诵读不可[J]. 中学语文教学. 1997(6):34-38.

的魅力。诵读需要语文教师的引导，教师的示范性领读可以让学生获得初步的情感体验。叶圣陶说："所谓美读，就是把作者的感情在读的时候传达出来。……美读得其法，不但了解作者说些什么，而且与作者的心灵相感通了，无论兴味方面或受用方面都有莫大的收获。"[1] 教师领读后，学生要自己诵读，亲身体会作者的思想和情感。

例如诵读王羲之《兰亭集序》：

> 永和九年，岁在癸丑，暮春之初，会于会稽山阴之兰亭，修禊事也。群贤毕至，少长咸集。此地有崇山峻岭，茂林修竹，又有清流激湍，映带左右，引以为流觞曲水，列坐其次。虽无丝竹管弦之盛，一觞一咏，亦足以畅叙幽情。
>
> 是日也，天朗气清，惠风和畅。仰观宇宙之大，俯察品类之盛，所以游目骋怀，足以极视听之娱，信可乐也。

这篇文章既有盛宴雅集之乐，也有人生慨叹之悲，一喜一悲，体现了作者王羲之的大情怀和对生命的理性思考。学生诵读时，既要表现出少长咸集、畅叙幽情的欢乐，也要有情随事迁、感慨系之的悲叹。前者要注意语势的连贯和语调的上扬，将"乐"字作为表达的高点来强调；后者就要注意停顿和重音轻读，用相对迟重的语气来表达生命之悲。但是，也要注意到作者的情感并没有在这由喜到悲的过程中变得

[1]叶圣陶. 叶圣陶谈阅读[M]. 南京：江苏人民出版社，2020：23–24.

沉郁,诵读时要注意展现作者“深沉而不消沉”的内在感觉。文本细腻的感情变化对诵读者提出了更高要求，要把握由喜到悲的过渡句,要深入理解作者“一死生为虚诞,齐彭殇为妄作”的慨叹及对生命价值的肯定。由此观之,好的诵读需以文本为根基,在诵读中深入体会作者思想情感的变化,反复吟咏,如此才能达到“文义”与“声趣”的和谐统一,才能品味到作品的文学魅力。

### (二)以写促读,领悟文言文中的传统文化之美

文言文迁移写作是将文言文学习和写作相结合。学生通过学习文言文,总结出对写作具有价值的部分,并引入写作教学中,形成文言文学习向作文写作的迁移。[1] 文言文是中华传统文化的精华,高中文言文篇章更是精华中的精华,其文体、谋篇、布局、立意、修辞、词汇都很讲究,写作的思维逻辑及内蕴的丰富文化内涵,对议论说理文、记叙文和抒情散文的写作都有很强的借鉴意义。朱光潜曾经说过:“深人所见亦深,浅人所见亦浅。学养丰厚的人,写出来的文自然就有内涵、有品位、有韵味、有哲思。写作到头来较量的就是学养和修养。说白了,就是看谁读的书多,懂的事多,想的理透,修的境深。”[2] 当然,写作既是学养的反映,也可以提升学

[1]冯士原. 吉林 SHJ 中学文言文迁移写作教学现状的调查与分析[D]. 延边:延边大学,2018.

[2]李海玲,朱佳杰,周松德. 夯基础,优教法:高中语文文言文教学策略研究[M]. 长春:吉林人民出版社,2020:245.

养。当学生利用所学文言文知识写作时，会加深对文言文所表达的思想和价值理念的理解与感悟，从而促进对文言文及传统文化的理解。因此，写作是阅读的外化，学生既可以通过文言文学习向写作迁移，也可以反过来用写作促进文言文学习，并深入理解中华优秀传统文化。

正如上文所言，通过文言文学习，学生会积累大量的写作素材，在写作中灵活应用，从而促进对文言文及传统文化的理解。例如在学习《劝学》《师说》等议论文时，教师可以将其和写作课融合起来，采用自主合作的学习方式，“以写促读”，用写作的方式促进对文言文和中华优秀传统文化的理解。

笔者以自读课文《师说》为例，分三个阶段阐述“以写促读”的步骤。首先，学生要梳理《师说》涉及的基础知识，解决字词、语法、文章结构、翻译等基本问题，大体上了解文章大意。其次，结合文章作者的写作背景及表达的思想，分析《师说》的内涵，从师学习的必要性和原则，批判当时社会上“耻学于师”的陋习。再次，确定主题，用现代汉语进行摹写，注意不是简单地翻译。比如和今天的“尊师重道”理念结合，拓展思路进行写作。最后，学生将完成的文章进行交叉式交流和互评，进一步增进对《师说》的认识。通过写作，可以加深学生对文言文及其蕴含的中华优秀传统文化的理解，提升学习文言文的兴趣和效率，同时可以学有所用，提升写作能力。

对于情节性较强的记叙性散文，教师可以让学生细读文本，解决字词、语法、文章结构、翻译等基本问题，加强对人物的理解。如司马迁在《鸿门宴》一文中，以刘邦赴项营请罪为核心，从项羽是否发动进攻、刘邦能否安然逃席两条线展开，在跌宕起伏的情节中塑造了多个个性鲜明的人物形象，如项羽、刘邦、樊哙等，其中樊哙最为传神。在语言上，“此迫矣！臣请入，与之同命”既反映了当时紧迫的形势，也展现了樊哙作为“参乘”为保刘邦安全，不惜以命相搏的大无畏精神。樊哙“带剑拥盾入军门”，毫不迟疑，展现了其果决的态度。由于没有参会资格，“侧其盾以撞，卫士仆地”，用暴力硬闯鸿门宴。最后从外貌上，用“瞋目视项王，头发上指，目眦尽裂”，表现出樊哙愤怒到了极点，实质是为了引起项羽注意，反映出其有勇有谋的性格特征。司马迁对樊哙进行了语言、行为和外貌的立体描写，极为形象生动。学生对文章有了深入理解后，教师可以趁热打铁，让学生以樊哙为第一视角，将这段情节写成剧本。如果有时间和条件，教师也可以将优秀的剧本搬上舞台，这样就可以充分调动学生的积极性，通过写作来加强文言文及中华传统文化的学习效果。

教师在“以写促读”过程中不能随性而发，而是要编制详细的教案，论证写作的可行性。教案要有具体的操作步骤，包括引导学生查阅资料，进行具体的写作指导，保证所有学生都能参与整个教学过程。在提升写作能力的同时，也要使学生获得书本上学不到的知识，加强对文言文及中华优秀传统文化的理解，提升综合素养。

## 三、丰富校园文化，营造传统文化氛围

通过前文对学生调查问卷的分析可知，尽管高中生对文言文和中华优秀传统文化有一定兴趣，但是对传统文化的了解程度并不高。当前，由于升学压力较大，各中学对传统文化重视不够，相关宣传不多，举办与传统文化相关的活动较少。学生学习压力大，课堂外又受到手机短视频的干扰，阅读有限，了解传统文化的渠道也不多。因此，学校应该结合文言文教学，加大宣传力度，积极组织相关活动，在学校营造学习中华优秀传统文化的氛围。

### （一）以社团为平台，在学校营造学习传统文化的氛围

高中生学业压力大，尤其到了高三，社团活动较少，这不利于学校传统文化氛围的营造。学校应该充分利用学生社团平台，积极开展吟诵、国学、书法、汉服和读书会等社团活动，结合文言文教学，丰富学生社团活动内容，培养学生对中华传统文化的兴趣。

学校可以指导吟诵社定期举办经典诵读会，朗诵《论语》《师说》《阿房宫赋》《赤壁赋》《过秦论》《陈情表》《归去来兮辞（并序）》等经典名篇，这样既能完成文言文的背诵任务，又能加深对这些文言文篇章的理解，激发学生学习兴趣，弘扬中华优秀传统文化。

学校也可以指导书法社定期举办书法比赛，参赛作品

内容可以选用王羲之《兰亭集序》等课内文言文名篇。学生在练习书法的同时，也可加深对文言文及中华优秀传统文化的理解。

教师还可以结合语文学科的学习任务群——“中华传统文化专题研讨”等，组织读书会，研读与课本文言文篇章相关的经典，例如《论语》《左传》《史记》《汉书》《古文观止》等；并结合语文教学要求，进行指导，与学生一起研读，交流读书心得，将课堂理论与阅读实践结合起来，学以致用，从而加深对中华优秀传统文化的理解。

学校还可以指导骑行社等社团，结合学校定期举行的研学旅行活动，参观本地博物馆，游览名山、名水和名胜古迹，领略山水之乐，感悟本地传统文化。结合文言文《赤壁赋》《石钟山记》《登泰山记》等游记作品，游览后仿写文言文游记作品，锻炼写作能力，领悟中华优秀传统文化的魅力。

学校也可以利用汉服社，展示古人的服饰文化。利用电影爱好者社团，播放一些反映古人衣食住行方面的影视作品，展示中国古代的衣食住行文化，让学生近距离地感受传统文化之美，提高审美能力。学校也可以举办本地的民间戏曲、武术、工艺美术和其他非物质文化遗产等展览和报告会，提高学生对本地传统文化的认识，增强学生爱校、爱家的情怀。

为了宣传中华优秀传统文化，学校还可以建立书法、绘画、诗歌、名言警句展示墙，潜移默化地影响学生，调动学生学习传统文化的兴趣，提升传统文化素养。学校也可以利用校园广播，展示学生的文言文朗诵获奖作品或读书心得等。

**（二）重视传统节日习俗，举办主题班会**

中国传统节日习俗文化形式多样，内容丰富，是中华民族历史文化长期积淀、凝聚的成果，里边蕴含了中华传统文化的价值元素，是对学生进行德育和审美教育的重要资源。笔者认为可以利用主题班会让学生认识和领悟中华传统节日习俗文化。

首先，在举办传统节日主题班会之前，教师要组织学生收集与传统节日习俗相关的资料，并且整理文言文中涉及传统节日与习俗的相关材料，消除文言文阅读障碍。班会上教师要组织学生进行小组讨论，探讨节日习俗所蕴含的传统文化及精神价值。在了解节日习俗文化的同时，教师还可以组织有趣的游戏、茶话活动，或是传统文化知识竞赛，充分调动学生的积极性，感受中国传统节日文化的魅力，调节紧张的高中生活。教师还可以组织以“你记忆中的传统节日”为主题的活动，让学生追忆自己童年时代的节日习俗，感受时代的变迁，珍惜中国传统节日习俗的价值，也了解中国经济、文化的发展成就，树立保护中华传统文化的意识。

语文教师可以利用传统节日习俗文化，结合文言文及传统文化开展教学活动，激发学生学习兴趣，让学生在鲜活有趣的生活中感悟中华传统文化的特殊魅力。例如《兰亭集序》中提到的上巳节是古代举行“祓除畔浴”的节日，这一天古人结伴去水边沐浴，称为“祓禊”，后来又在此基础上增加了祭祀宴饮、曲水流觞、郊外游春等内容。虽然这一节日现已销声匿迹，但是作为中国传统节日文化的一部分，学生应该有所了解。

端午节涵盖中国古代星象文化、人文历史等，在传承发展中杂糅了多种民俗，包括赛龙舟、挂艾草、拴五色彩线、包粽子等，有祈福、消灾等文化内涵。端午节与屈原有着很大关系，语文教师可以联系学过的《屈原列传》，阐释《离骚》中“路曼曼其修远兮，吾将上下而求索”的精神内涵，激发学生的爱国主义情感，学习屈原不屈不挠、忧国忧民的高尚品质。

中秋佳节时可以组织学生搜集与中秋有关的诗词、文言文和文化现象，并解读语言知识点及“中秋团圆”的传统文化内涵；或组织学生写作、赏月、吃月饼，共享与节日有关的历史趣事；或朗诵贺铸的《水调歌头》诗句——“但愿人长久，千里共婵娟”，并结合《赤壁赋》《石钟山记》了解苏轼的人生境遇，体会其内心的苦闷和离愁别绪；还可组织以“月”为题的“飞花令”游戏，考查学生的古诗文储备情况。

学校应以家庭教育为载体，通过家校合作，剔除节日文化中的消极迷信因素，宣传中国传统节日中有价值的文化理念，让学生和家长了解清明节的祭扫习俗、中元节的敬祖孝亲习俗、重阳节的登高敬老习俗、除夕日的团圆文化等，开展传统节日教育，培养良好道德品质。通过这些活动既可以提升学生在语文学科文化传承方面的核心素养，又可以使学生将文言文学习、传统文化学习与现实生活结合起来，感悟中华优秀传统文化的魅力。

总之，学校在弘扬和传承中华优秀传统文化时应积极营造良好的校园文化氛围，以高中文言文教学为基础，借助学生社团和主题班会等，宣传、推介中华优秀传统文化。学校要引导学生在潜移默化中接受传统文化熏陶，进一步探寻传统文化的价值内涵，践行人文精神，增强文化自信，弘扬和传承中华优秀传统文化，实现中华民族伟大复兴。

# 参考文献

## 一、专　著

[1]吕叔湘. 吕叔湘论语文教学[M]. 济南:山东教育出版社,1987.

[2]卢光耀. 中学文言文的教与学[M]. 广州:广东教育出版社,1989.

[3]周庆元. 语文教学设计论[M]. 南宁:广西教育出版社,1996.

[4]郭锡良,唐作藩,何九盈,等. 古代汉语[M]. 北京:商务印书馆,1999.

[5]郭瑞林. 中国传统文化与中学语文[M]. 长沙:湖南师范大学出版社,1999.

[6]王力. 古代汉语:校订重排本[M]. 3 版. 北京:中华书局,1999.

[7]许慎. 说文解字[M]. 苏州:江苏古籍出版社,2001.

[8]邵汉明. 中国文化研究二十年[M]. 北京:人民出版社,2003.

[9]黄健,王东莉.文学与人生[M].杭州:浙江大学出版社,2004.

[10]刘占泉.汉语文教材概论[M].北京:北京大学出版社,2004.

[11]朱自清.朱自清语文教学经验[M].北京:教育科学出版社,2007.

[12]王力.中国古代文化常识[M].北京:北京联合出版公司,2014.

[13]朱自清.经典常谈[M].北京:北京理工大学出版社,2000.

[14]李佩英.传统文化与语文教学[M].北京:红旗出版社,2009.

[15]张岱年,方克立.中国文化概论[M].北京:北京师范大学出版社,2004.

[16]陈荣杰.中国文化导论[M].北京:高等教育出版社,2011.

[17]过常宝.古文素养培养研究[M].北京:北京师范大学出版社,2013.

[18]杨斌.发现语文之美[M].长春:东北师范大学出版社,2013.

[19]学习考试用书研究中心.中学教育心理学[M].北京:清华大学出版社,2013.

[20]王荣生.文言文教学教什么[M].上海:华东师范大

学出版社,2014.

[21]钱梦龙. 钱梦龙经典课例品读[M]. 上海:华东师范大学出版社,2014.

[22]叶圣陶. 叶圣陶语文教育论集[M]. 北京:教育科学出版社,2015.

[23]马可,杨娟,王美玲,等. 中国传统文化精神导论[M]. 北京:清华大学出版社,2015.

[24]周臻,黎莉,华雪春. 中国传统文化[M]. 北京:航空工业出版社,2015.

[25]叶圣陶. 好读书而求甚解:叶圣陶谈阅读[M]. 北京:开明出版社,2021.

[26]周庆元. 语文教育研究概论[M]. 长沙:湖南人民出版社,2005.

[27]吕叔湘. 开明文言读本:第一册[M]. 上海:开明书店,1948.

[28]泰勒. 原始文化:神话、哲学、宗教、语言、艺术和习俗发展之研究[M]. 桂林:广西师范大学出版社,2005.

[29]刘进田. 文化哲学导论[M]. 北京:法律出版社,1999.

[30]傅义春. 汉字与传统文化[M]. 南京:南京大学出版社,2019.

[31]梁启超. 中国历史研究法[M]. 北京:中国书籍出版社,2017.

[32]杨伯峻,杨逢彬. 论语[M]. 长沙:岳麓书社,2020.

[33]程红兵. 好教师就是好教育[M]. 北京:文化艺术出版社,2010.

[34]曾雄锋,郑俊盛. 小学语文教学研究与实践[M]. 天津:天津教育出版社,2009.

[35]赵永攀. 文本解读:语文教师的第一项修炼[M]. 长春:吉林大学出版社,2017.

[36]金振邦. 文章解读论[M]. 长春:东北师范大学出版社,2005.

[37]朱绍禹. 中学语文教育概说[M]. 呼和浩特:内蒙古人民出版社,1983.

[38]叶圣陶. 叶圣陶谈阅读[M]. 南京:江苏人民出版社,2020.

[39]李海玲,朱佳杰,周松德. 夯基础,优教法:高中语文文言文教学策略研究[M]. 长春:吉林人民出版社,2020.

## 二、论　文

[40]杜常善. 全面继承文言活的部分　丰富与发展现代汉语提高现代人的表达力:语文科发展趋向管窥[J]. 汉字文化,1994(1).

[41]钱梦龙. 文言文教学改革刍议[J]. 中学语文教学,1997(4).

[42]周淑敏. 汉字与中国传统文化[J]. 北京联合大学

学报,1999(4).

[43]栾合明.浅谈文言文的“教学境界”[J].中学语文,2006(1).

[44]余文森.论教学中的预设与生成[J].课程·教材·教法,2007(5).

[45]付海燕.关于学案教学的一点思考[J].山西师范大学学报(社会科学版),2009(增刊1).

[46]胡虹丽.文言文教学的“文化本位”及其实施策略[J].课程·教材·教法,2011(12).

[47]林志强.汉字知识的普及与传统文化的继承[J].福建师范大学学报(哲学社会科学版),2012(4).

[48]王国霞.解读文言经典 传承传统文化:高中文言文教学与文化传承[J].现代语文(学术综合),2014(8).

[49]胡凌.论高中语文教学中传统文化的渗透[J].语文教学通讯·D刊(学术刊),2015(1).

[50]徐欣路.论传统文化教育的层次和文言文教育的功能[J].教育评论,2015(5).

[51]王燕.在文言文教学中传承传统文化[J].现代教学,2015(增刊1).

[52]倪文锦.语文教材编制与民族文化传承[J].语文建设,2015(6).

[53]穆念锋.高中语文教学与传统文化的契合[J].语文教学与研究(大众版),2018(2).

[54]汤金平. 浅议高中语文教学与传统文化的契合[J]. 中学课程辅导(教学研究),2018(5).

[55]石庆文. 浅谈传统文化教学与语文核心素养的培养[J]. 学周刊,2016(28).

[56]童志斌. 文言文课程目标的文化取向[J]. 语文建设,2017(3).

[57]邓春英. 如何利用文言文教学弘扬传统文化[J]. 现代语文(学术综合),2017(3).

[58]陈一璞. 人教版高中语文必修教材文言文选编审析[J]. 现代中小学教育,2017(3).

[59]王本华. 从八大关键词看“部编本”语文教材的编写理念[J]. 课程教学研究,2017(5).

[60]谢小怡. 在文言文教学中传承中华传统文化[J]. 都市家教(上半月),2017(11).

[61]孟晓庆. 优秀传统文化在高中文言文教学中的传承与理解策略探索[J]. 华夏教师,2018(26).

[62]张苓. 高中语文教学中渗透传统文化的有效途径探索[J]. 课程教育研究,2018(33).

[63]郭晶. 论高中文言文教学中的传统文化教育[J]. 戏剧之家,2018(4).

[64]杨雅婷,徐梅. 高中文言文教学中优秀传统文化教育的现状与对策[J]. 宁波教育学院学报,2018(6).

[65]谷红丽. 在文言文教学中提升学生传统文化素养

策略探微[J].语文月刊,2019(2).

[66]张旭.传统文化在文言文教学中的渗透[J].语文教学通讯·D刊(学术刊),2019(11).

[67]张志公.语文学科的现代化问题[J].课程·教材·教法,1981(3).

[68]韦忠华.纲举目张　授之以渔:试论高中文言文教学的系统性[J].广西教育学院学报,2001(5).

[69]屈增亮.文言文教学的现状与对策研究[J].才智,2016(1).

[70]胡兆伟,徐东建.论文言文的特点及教学价值[J].科教文汇(上旬刊),2008(16).

[71]郑桂华.文言文教学价值再思考[J].语文学习,2012(5).

[72]冯刚,鲁力.习近平关于中华优秀传统文化重要论述的理论蕴涵[J].湖南大学学报(社会科学版),2022(1).

[73]王荣生.教学环节就是组织"学的活动"[J].语文学习,2010(1).

[74]胡少云,姜建伟.学案代替不了教案[J].当代教育科学.2007(增刊2).

[75]张必锟.学文言非诵读不可[J].中学语文教学.1997(6).

[76]冯士原.吉林SHJ中学文言文迁移写作教学现状的调查与分析[D].延边:延边大学,2018.

# 附　录:调查问卷及访谈提纲

## 中华优秀传统文化融入高中文言文教学现状调查问卷
## (学生部分)

同学,你好!非常感谢你能在繁忙地学习之余参与本次调查。问卷调查的目的是了解你对中华优秀传统文化融入文言文教学的看法。本问卷采用匿名形式,调查数据仅供研究所用,请你按照自己的真实想法作答。本次调查对于我的研究工作非常重要,感谢你的参与。

| 类别 | 序号 | 问题 | | | |
|---|---|---|---|---|---|
| 对文言文及中华优秀传统文化的兴趣 | 1 | 你喜欢学习文言文吗? | | | |
| | | A. 喜欢 | B. 一般 | C. 不喜欢 | |
| | 2 | 你喜欢学习中华优秀传统文化吗? | | | |
| | | A. 喜欢 | B. 一般 | C. 不喜欢 | |
| 对文言文及中华优秀传统文化的认识 | 3 | 你在学习文言文过程中遇到的困难是? | | | |
| | | A. 在生活中没有应用机会 | B. 深奥抽象,难以理解 | C. 讲解无趣,没有兴趣 | D. 没有困难 |
| | 4 | 你学习文言文的主要原因是? | | | |
| | | A. 语言凝练,历史悠久 | B. 蕴含中华优秀传统文化 | C. 考试要求 | |
| | 5 | 你认为中华优秀传统文化融入文言文教学重要吗? | | | |
| | | A. 非常重要 | B. 重要 | C. 不重要 | |
| | 6 | 对文言文中的中华优秀传统文化教学,你表现如何? | | | |
| | | A. 认真听讲,做好笔记 | B. 偶尔听听,经常走神 | C. 不感兴趣 | |

续表

<table>
<tr><th>类别</th><th>序号</th><th colspan="4">问题</th></tr>
<tr><td rowspan="10">中华优秀传统文化融入文言文学习、教学方式</td><td rowspan="2">7</td><td colspan="4">你喜欢什么样的语文课堂?</td></tr>
<tr><td>A. 讲授式</td><td>B. 活动式</td><td colspan="2">C. 自学式</td></tr>
<tr><td rowspan="2">8</td><td colspan="4">你认为文言文教学中哪部分最难?</td></tr>
<tr><td>A. 词汇、语法</td><td>B. 翻译及大意</td><td>C. 古代文化知识</td><td>D. 思想内涵</td></tr>
<tr><td rowspan="2">9</td><td colspan="4">你学习文言文的最主要方式是?</td></tr>
<tr><td>A. 听讲和做笔记</td><td>B. 背诵</td><td>C. 参考学习资料</td><td>D. 课外阅读</td></tr>
<tr><td rowspan="2">10</td><td colspan="4">你希望老师在文言文教学中侧重什么?</td></tr>
<tr><td>A. 基础知识</td><td>B. 文学熏陶</td><td>C. 做题能力</td><td>D. 中华传统文化讲授</td></tr>
<tr><td rowspan="2">11</td><td colspan="4">你认为老师在文言文教学中最突出的问题是?</td></tr>
<tr><td>A. 教学方式单一</td><td>B. 课堂趣味性不强</td><td colspan="2">C. 不重视文化渗透</td></tr>
<tr><td rowspan="2"></td><td rowspan="2">12</td><td colspan="4">对文言文教学与中华优秀传统文化融合,你有什么好的建议?(必答题)</td></tr>
<tr><td colspan="4"></td></tr>
</table>

# 中华优秀传统文化融入高中文言文教学访谈提纲

## （教师部分）

| 序号 | 问题 |
|---|---|
| 1 | 您认为高中文言文教学的重点是什么？您平时如何提升自己的文言文水平？ |
|  |  |
| 2 | 您喜欢中华优秀传统文化吗？高中文言文中包含哪些传统文化？ |
|  |  |
| 3 | 您认为中华优秀传统文化融入高中文言文教学有必要吗？意义何在？ |
|  |  |
| 4 | 您在文言文教学中一般采用哪些教学方法？围绕了解和认识中华优秀传统文化，您会经常组织活动吗？ |
|  |  |
| 5 | 您在中华优秀传统文化融入高中文言文教学过程中采取了哪些措施，效果如何，以后计划怎么做？ |
|  |  |

# 后　记

2020 年 7 月，教育部公布普通高中新课程新教材（简称“双新”）实施国家级示范区和示范校名单，拉开了全国深化普通高中课程改革、提升教育教学质量的大幕。

2022 年 9 月，宁夏进入“双新”改革阶段。这一年，我的同事们都在学习新教材，也在为上课而忙碌。虽说我没能和他们同步，但看到同事们群策群力地在为一节课的教学设计绞尽脑汁时，心中难免惶恐。于是，我一边带领高三学生冲刺高考，一边抽出时间仔细研读新课程标准、翻阅新教材和研究新高考试卷。通过学习研究，我发现统编高中语文课本体系发生了很大变化。首先是课本序列变成了必修、选择性必修和选修，这意味着容量加大；其次是课本内容架构变为学习任务群，这意味着深度加深；最后是单元编写变成了“单元+主题”，忽略了文本体裁，扩大了知识面，且每一单元都有对应的写作训练。同时，新教材注重对经典篇章学习价值的挖掘，学习策略与文化思想并重。语文学科的核心素养由旧课标的“三维目标”变为“四大核心素养”，即“语言建构与运用”“思维发展与提升”“审美鉴赏与创造”“文化传承与理解”，具体要求是“培养学生对祖国语言文字的热爱，在语文学习中，贯彻和发扬中华文化的优秀传统，扩展学生的文化视野，提高对民族文化的传承保护意识，反对外来消极文化的影响”。

由此，我从自己平时比较擅长的文言文教学出发，一方面做好理论梳理，另一方面则尝试从教学实践出发，将老师的“教”和学生的“学”结合起来，发掘契合点，即文言文中的优秀传统文化，从而改变教学策略以提升教学效果，强化学生认知，增强学生的文化自信，提升民族自信心。

确定课题方向后，我先后翻阅了大量论文和相关理论图书，并逐一进行梳理。我还走访了学校先行试教新课本的语文老师，发放问卷，调查了许多学生，对他们在教授和学习文言文过程中的现状、困惑进行记录，统计相关数据。在此基础上，我又深度挖掘和整理统编课本中32篇文言文的传统文化元素，总结选编特点和原则，梳理文化类型，探讨文言文与中华优秀传统文化深度融合的路径和方法，从“教”与“学”两方面提出中华优秀传统文化融入高中文言文教学的策略。

书已付梓，虽然在研究过程中我克服了诸多困难，也提出了个人拙见，但限于才学和经验不足，教学探索不够深入，肯定还存在这样那样的问题，只能留待以后不断深入思考和实践后再行补充完善了。希望这本小书能对读到它的语文老师有所启发，哪怕是丁点儿收获也好。

最后，我要感谢为本书出版付出辛苦工作的出版社编辑老师，感谢在我撰写书稿过程中为我提供资料、配合我访谈和调查的同事与学生。谢谢你们。

马　佳

2023 年 9 月 12 日